中越高等学校

〈収録内容〉

■ 2024年度入試の問題・解答解説・解答用紙・「合否の鍵はこの問題だ!!」、2025年度入試受験用の「出題傾向の分析と合格への対策」は、弊社HP の商品ページにて公開いたします。
■ 2018年度は、弊社ホームページで公開しております。
本ページの下方に掲載しておりますQRコードよりアクセスし、データをダウンロードしてご利用ください。

2024 年度 ……………………… 2024 年 10 月 弊社 HP にて公開予定
※著作権上の都合により、掲載できない内容が生じることがあります。

2023 年度 ……………………………… 専願（数・英・国）

2022 年度 ……………………………… 専願（数・英・国）

2021 年度 ……………………………… 専願（数・英・国）

2020 年度 ……………………………… 専願（数・英・国）

2019 年度 ……………………………… 専願（数・英・国）

2018 年度 ……………………………… 専願（数・英）

JN106823

解答用紙データ配信ページへスマホでアクセス！ ⇒

※データのダウンロードは 2025 年 3 月末日まで。
※データへのアクセスには、右記のパスワードの入力が必要となります。 ⇒ 839267

本書の特長

実戦力がつく入試過去問題集

▶ 問題 …………… 実際の入試問題を見やすく再編集。
▶ 解答用紙 …… 実戦対応仕様で収録。
▶ 解答解説 …… 詳しくわかりやすい解説には、難易度の目安がわかる「基本・重要・やや難」の分類マークつき（下記参照）。各科末尾には合格へと導く「ワンポイントアドバイス」を配置。採点に便利な配点つき。

入試に役立つ分類マーク

基本 確実な得点源！
受験生の90％以上が正解できるような基礎的、かつ平易な問題。
何度もくり返して学習し、ケアレスミスも防げるようにしておこう。

重要 受験生なら何としても正解したい！
入試では典型的な問題で、長年にわたり、多くの学校でよく出題される問題。
各単元の内容理解を深めるのにも役立てよう。

やや難 これが解ければ合格に近づく！
受験生にとっては、かなり手ごたえのある問題。
合格者の正解率が低い場合もあるので、あきらめずにじっくりと取り組んでみよう。

合格への対策、実力錬成のための内容が充実

▶ 各科目の出題傾向の分析、合否を分けた問題の確認で、入試対策を強化！
▶ その他、学校紹介、過去問の効果的な使い方など、学習意欲を高める要素が満載！

解答用紙ダウンロード 解答用紙はプリントアウトしてご利用いただけます。弊社ＨＰの商品詳細ページよりダウンロードしてください。トビラのＱＲコードからアクセス可。

UD FONT 見やすく読みまちがえにくいユニバーサルデザインフォントを採用しています。

中越高等学校

▶交通　JR 北長岡駅　徒歩20分
JR 長岡駅東口からバスで20分

〒940-8585　長岡市新保町1371番地１
☎0258-24-0203
https://www.chuetsu-h.ed.jp/

沿　革

1905年、女子師範学校入学の予備教育を行う私塾として斎藤女学館を設立。1928年、長岡高等家政女学校と改称。1944年、長岡女子商業高校と改称。1946年、長岡高等家政女学校と改称。1948年、長岡化成学園高等学校と改称し、中学校を併設。1956年、併設中学校を廃止。中越高等学校と改称し、男女共学とする。1971年、長岡女子短期大学を開校する。1973年、短期大学を長岡短期大学と改称し、男女共学とする。

建学の精神

「自己の信ずる教育をするためには、自分の学校をもたねばならぬ」。

校　風

「進取の精神」「文武一如」

・高い志を持つ人材（リーダー）の育成
・学び続け、自らの力で問題を解決しようとする人間の育成
・学業と部活動、どちらも等しく大切にする人間の育成

校　訓

「質実剛健」〜うつくしく、逞しく〜

・明るく元気な挨拶に始まり、真面目で、心身ともに強く自らを鍛え続ける人間の育成
・他と共生し（他人の考え、行動、性格を理解し受け入れ）ながら、自らの考えに拠って生きる個性豊かな人間の育成。

教育精神

・主体的に知に探求し、たくましく生きるための心身の健康を増進する
・地域の文化や、日本の伝統文化に触れる心を大切にする
・国際化、情報化社会における自らの課題を探求し、将来のキャリアの準備をする

学習課程

●**コース**

「普通コース」

基礎・基本を重点とした教科指導で、多様化する進路ニーズに対応。

◎文系充実（国語・地歴公民・英語中心）主に私立大学文系学部、専修学校などに進学を希望する生徒向けのコース。

◎文系探究（国語・地歴公民・数学・理科・英語のバランスを重視）主に国公立大学、私立大学文系学部、看護医療系専修学校を希望する生徒に対応。

◎理系（数学・理科に重点）
主に国公立大学、私立大学理系学部、看護医療系大学に進学希望の生徒に対応。

「特進コース」

国公立大学や難関私立大学を目指すコース。

◎基礎学力定着のため、「朝の10分間小テスト」（教科基礎演習（Ⅰ）・（Ⅱ）・（Ⅲ））

◎代々木ゼミナールの衛星放送授業「サテライン」の受講
◎定期的な全国校外模試試験
◎ほぼ毎週土曜日には、進学補習や模試が実施され、志望校の現役合格を目指す。

●学習支援

「授業を大切に」

45分７限授業体制で、授業内容の一層の精選と、より集中した授業展開を実現。

「進学補習」

大学受験や就職試験に向けて、より高い学力、必要な知識や応用力を身につける。

「温習」

苦手科目の基礎・基本に重点を置き、基礎力を身につけ、授業への不安を解消させる。

進　路

●主な進学実績（2023年3月）

（国公立）　東北大（文）、山形大（工）、福島大（人文社会）、横浜国立大（教育）、新潟大（教育）、信州大（工）、滋賀大（経済）、秋田県立大（システム）、横浜市立大（国際教養）、新潟県立看護大　（看護）、新潟県立大（国際経済・国際地域）、長岡造形大（造形）、長野大（企業情報）、長野県立大（グローバル）

（私立）　青山学院大（文・法）、亜細亜大（法・経済・経営）、桜美林大（グローバル）、学習院大（経済）、北里大（医療衛生）、杏林大（保健）、国立音大（音楽）、工学院大　（建築）、国士舘大（文・政経・理工）、駒澤大（文・経済）、順天堂大（スポーツ）、成蹊大（経済）、専修大（法・ネットワーク・人間科学）、大東文化大（外国語・法）、拓殖大（外国語・政経）、多摩大　（グローバル）、玉川大（農・芸術）、中央大（文・経済）、帝京大（文・理工）、東海大（理・工・情報理工・健康）、東京家政大（家政）、東京経大（経済）、東京工科大（医療保健）、東京造形大　（造形）、東京理大（創域理工）、東洋大（理工）、日本大（法・経済・生産工）、法政大（法・理工）、武蔵野大（データサイエンス）、明星大（経営・理工・デザイン）　他

部活動

陸上競技部は県高校駅伝で17回優勝を果たしており、大学駅伝や実業団駅伝でもＯＢが活躍。野球部は県内最多となる11回の夏の甲子園に出場。ＯＢの活躍もめざましい。

●運動部

陸上競技、野球、バドミントン、バスケットボール、テニス、バレーボール、ソフトテニス、卓球、ソフトボール、サッカー、ハンドボール、柔道、剣道、水泳、チアリーディング

●文化部

美術、書道、吹奏楽、写真、演劇、英語、放送、茶道

年間行事

６月／体育祭
７月／球技大会
９月／文化祭、修学旅行（２年）
10月／芸術鑑賞会
11月／駅伝大会

◎2023年度入試状況◎

学　　科	普通コース	特進コース
募 集 数	280	40
応募者数	非公表	
受験者数	非公表	
合格者数	非公表	

過去問の効果的な使い方

① **はじめに**　入学試験対策に的を絞った学習をする場合に効果的に活用したいのが「過去問」です。なぜならば，志望校別の出題傾向や出題構成，出題数などを知ることによって学習計画が立てやすくなるからです。入学試験に合格するという目的を達成するためには，各教科ともに「何を」「いつまでに」やるかを決めて計画的に学習することが必要です。目標を定めて効率よく学習を進めるために過去問を大いに活用してください。また，塾に通われていたり，家庭教師のもとで学習されていたりする場合は，それぞれのカリキュラムによって，どの段階で，どのように過去問を活用するのかが異なるので，その先生方の指示にしたがって「過去問」を活用してください。

② **目的**　過去問学習の目的は，言うまでもなく，志望校に合格することです。どのような分野の問題が出題されているか，どのレベルか，出題の数は多めか，といった概要をまず把握し，それを基に学習計画を立ててください。また，近年の出題傾向を把握することによって，入学試験に対する自分なりの感触をつかむこともできます。

過去問に取り組むことで，実際の試験をイメージすることもできます。制限時間内にどの程度までできるか，今の段階でどのくらいの得点を得られるかということも確かめられます。それによって必要な学習量も見えてきますし，過去問に取り組む体験は試験当日の緊張を和らげることにも役立つでしょう。

③ **開始時期**　過去問への取り組みは，全分野の学習に目安のつく時期，つまり，9月以降に始めるのが一般的です。しかし，全体的な傾向をつかみたい場合や，学習進度が早くて，夏前におおよその学習を終えている場合には，7月，8月頃から始めてもかまいません。もちろん，受験間際に模擬テストのつもりでやってみるのもよいでしょう。ただ，どの時期に行うにせよ，取り組むときには，集中的に徹底して取り組むようにしましょう。

④ **活用法**　各年度の入試問題を全問マスターしようと思う必要はありません。できる限り多くの問題にあたって自信をつけることは必要ですが，重要なのは，志望校に合格するためには，どの問題が解けなければいけないのかを知ることです。問題を制限時間内にやってみる。解答で答え合わせをしてみる。間違えたりできなかったりしたところについては，解説をじっくり読んでみる。そうすることによって，本校の入試問題に取り組むことが今の自分にとって適当かどうかが，はっきりします。出題傾向を研究し，合否のポイントとなる重要な部分を見極めて，入学試験に必要な力を効率よく身につけてください。

数学

各都道府県の公立高校の入学試験問題は，中学数学のすべての分野から幅広く出題されます。内容的にも，基本的・典型的なものから思考力・応用力を必要とするものまでバランスよく構成されています。私立・国立高校では，中学数学のすべての分野から出題されることには変わりはありませんが，出題形式，難易度などに差があり，また，年度によっての出題分野の偏りもあります。公立高校を含め，ほとんどの学校で，前半は広い範囲からの基本的な小問群，後半はあるテーマに沿っての数問の小問を集めた大問という形での出題となっています。

まずは，単年度の問題を制限時間内にやってみてください。その後で，解答の答え合わせ，解説での研究に時間をかけて取り組んでください。前半の小問群，後半の大問の一部を合わせて50%以上の正解が得られそうなら多年度のものにも順次挑戦してみるとよいでしょう。

英語

英語の志望校対策としては，まず志望校の出題形式をしっかり把握しておくことが重要です。英語の問題は，大きく分けて，リスニング，発音・アクセント，文法，読解，英作文の5種類に分けられます。リスニング問題の有無(出題されるならば，どのような形式で出題されるか)，発音・アクセント問題の形式，文法問題の形式(語句補充，語句整序，正誤問題など)，英作文の有無(出題されるならば，和文英訳か，条件作文か，自由作文か）など，細かく具体的につかみましょう。読解問題では，物語文，エッセイ，論理的な文章，会話文などのジャンルのほかに，文章の長さも知っておきましょう。また，読解問題でも，文法を問う問題が多いか，内容を問う問題が多く出題されるか，といった傾向をおさえておくことも重要です。志望校で出題される問題の形式に慣れておけば，本番ですんなり問題に対応することができますし，読解問題で出題される文章の内容や量をつかんでおけば，読解問題対策の勉強として，どのような読解問題を多くこなせばよいかの指針になります。

最後に，英語の入試問題では，なんと言っても読解問題でどれだけ得点できるかが最大のポイントとなります。初めて見る長い文章をすらすらと読み解くのはたいへんなことですが，そのような力を身につけるには，リスニングも含めて，総合的に英語に慣れていくことが必要です。「急がば回れ」ということわざの通り，志望校対策を進める一方で，英語という言語の基本的な学習を地道に続けることも忘れないでください。

国語

国語は，出題文の種類，解答形式をまず確認しましょう。論理的な文章と文学的な文章のどちらが中心となっているか，あるいは，どちらも同じ比重で出題されているか，韻文(和歌・短歌・俳句・詩・漢詩)は出題されているか，独立問題として古文の出題はあるか，といった，文章の種類を確認し，学習の方向性を決めましょう。また，解答形式は，記号選択のみか，記述解答はどの程度あるか，記述は書き抜き程度か，要約や説明はあるか，といった点を確認し，記述力重視の傾向にある場合は，文章力に磨きをかけることを意識するとよいでしょう。さらに，知識問題はどの程度出題されているか，語句(ことわざ・慣用句など)，文法，文学史など，特に出題頻度の高い分野はないか，といったことを確認しましょう。出題頻度の高い分野については，集中的に学習することが必要です。読解問題の出題傾向については，脱語補充問題が多い，書き抜きで解答する言い換えの問題が多い，自分の言葉で説明する問題が多い，選択肢がよく練られている，といった傾向を把握したうえで，これらを意識して取り組むと解答力を高めることができます。「漢字」「語句・文法」「文学史」「現代文の読解問題」「古文」「韻文」と，出題ジャンルを分類して取り組むとよいでしょう。毎年出題されているジャンルがあるとわかった場合は，必ず正解できる力をつけられるよう意識して取り組み，得点力を高めましょう。

数学

出題傾向の分析と合格への対策

●出題傾向と内容

本年度の出題は，大問数は5題，小問数にして20題で，例年通りであった。

出題内容は，[1]は数・式の計算，平方根の計算，[2]は連立方程式，因数分解，方程式の応用問題，平方数，角度，[3]は統計の問題，[4]は確率，[5]は図形と関数・グラフの融合問題であった。

基礎的な計算問題から，難問ではないが思考力を要するものまでバランス良く出題されている。

✔学習のポイント

教科書の基礎事項の学習に力を入れた後，問題を読みながら問題内容を理解できるように読解力を身につけるようにしておこう。

●2024年度の予想と対策

来年度も，出題数，難易度にそれほど大きな変化はなく，全体的に基礎～標準的な問題を中心とした出題になると思われる。中1から中3までの広い分野からの出題になるので，しっかり復習しておく必要がある。

まずは，教科書の内容を理解することが大事である。例題・公式・図・グラフなどをノートにまとめ基本事項を覚えるとともにその使い方をつかんでおこう。

例年，出題パターンに変わりがないので，過去問集を利用して，時間配分に気をつけながら，しっかり演習しておくとよいだろう。

▼年度別出題内容分類表 ……

出題内容			2019年	2020年	2021年	2022年	2023年
数と式	数の性質						
	数・式の計算		○	○	○	○	○
	因数分解		○	○	○	○	○
	平方根		○	○	○	○	○
方程式・不等式	一次方程式		○	○	○	○	○
	二次方程式		○	○	○	○	○
	不等式						
	方程式・不等式の応用						○
関数	一次関数		○	○	○	○	
	二乗に比例する関数		○	○	○	○	
	比例関数		○		○	○	
	関数とグラフ		○	○	○	○	
	グラフの作成						
図形	平面図形	角度	○	○	○	○	○
		合同・相似			○		
		三平方の定理					
		円の性質	○	○			
	空間図形	合同・相似					
		三平方の定理					
		切断					
	計量	長さ					
		面積	○	○	○	○	
		体積	○	○	○		
	証明						
	作図						
	動点						
統計	場合の数					○	
	確率		○	○	○	○	○
	統計・標本調査				○	○	○
融合問題	図形と関数・グラフ		○	○	○	○	
	図形と確率						
	関数・グラフと確率						
	その他						
その他			○	○	○		

中越高等学校

英語

出題傾向の分析と合格への対策

●出題傾向と内容

本年度は長文読解問題，発音問題，語句補充・選択問題，言い換え・書き換え，会話文中の文挿入問題，語句整序問題等が出題された。比較的平易な問題が多いため，過去問で傾向をつかみたい。

また，言い換え・書き換えは，中学校の教科書レベルの英文が出題されている。基本問題中心の出題となっているが，記述形式の解答となっているため，注意が必要である。

✔学習のポイント

比較的基本的な出題内容だが，問題数が多い。そのため，教科書に出てくる単語，英文をきちんと身につけよう。

●2024年度の予想と対策

比較的問題数が多いため，過去出題された問題や問題集を用いて，同形式の問題をすばやく処理できるように練習を重ねるようにしたい。一部，記述式の問題が出題されているので，注意が必要である。また，文法問題や発音問題は，基本問題が中心であるため，教科書に出てくる英文や単語に関しては，暗唱できるように繰り返し，暗記したい。

▼年度別出題内容分類表 ……

出題内容		2019年	2020年	2021年	2022年	2023年
話し方・聞き方	単語の発音	○			○	○
	アクセント		○	○		
	くぎり・強勢・抑揚					
	聞き取り・書き取り					
語い	単語・熟語・慣用句	○	○	○	○	
	同意語・反意語					
	同音異義語					
読解	英文和訳(記述・選択)				○	○
	内容吟味			○	○	○
	要旨把握	○	○		○	○
	語句解釈					○
	語句補充・選択	○	○	○	○	○
	段落・文整序					
	指示語	○	○			
	会話文	○	○	○	○	○
文法・作文	和文英訳				○	
	語句補充・選択	○	○	○	○	○
	語句整序	○	○	○	○	○
	正誤問題					
	言い換え・書き換え			○	○	○
	英問英答			○		
	自由・条件英作文		○	○		○
文法事項	間接疑問文				○	○
	進行形			○	○	○
	助動詞	○	○	○	○	○
	付加疑問文					○
	感嘆文					
	不定詞	○	○	○	○	○
	分詞・動名詞	○	○	○	○	○
	比較	○	○	○	○	○
	受動態	○		○	○	
	現在完了	○	○	○	○	○
	前置詞		○		○	○
	接続詞			○	○	○
	関係代名詞			○	○	○

国語

出題傾向の分析と 合格への対策

●出題傾向と内容

本年度の読解問題は，昨年，一昨年と同じく論説文と古文からの出題であった。この他に，資料読み取りの独立問題があり，合計3つの大問からなる。

論説文は，接続語の空欄補充などによる文脈把握の力，キーワードをもとに文脈を的確に読み取る力，それを簡潔にまとめる力が試される内容であった。漢字の読み書きの問題も例年通り出題されている。

古文は『方丈記』からの出題。本年度も文章は長めであった。現代語訳や要旨のほか，仮名遣い，古語に関する問題も毎年出題されている。

学習のポイント

記述で答える問題が比較的多く，文章の内容を自分でまとめる力が試される。時間内で的確に書けるようにしたい。

●2024年度の予想と対策

今後も，本年度のような読解問題の大問2題は続くのではないかと思われる。

本年度も資料の読み取りが出題された。資料読み取りとは別に，今後も文法などの知識問題が出題される可能性は高く，おさえておく必要がある。

読解問題では解答を記述でまとめる問題が毎年2～5問出ている。文を簡潔にまとめる力をつけておきたい。ふだんからコラムやいろいろな文章に触れ，現代的な話題に関する予備知識をつけておきたい。長い文章を限られた時間内で読み解く練習を重ねておく必要がある。

現代文，古文ともに，できるだけ多くの問題にあたって，読むことに慣れておくことが大切。随筆や小説が出題される可能性もあるので，手を広げておきたい。

▼年度別出題内容分類表 ……

出題内容			2019年	2020年	2021年	2022年	2023年
内容の分類	読解	主題・表題					
		大意・要旨	○	○			○
		情景・心情	○	○			
		内容吟味	○	○	○	○	○
		文脈把握	○	○	○	○	○
		段落・文章構成					
		指示語の問題	○	○			○
		接続語の問題	○	○	○		
		脱文・脱語補充	○	○	○	○	○
	漢字・語句	漢字の読み書き	○	○	○	○	○
		筆順・画数・部首					
		語句の意味			○	○	○
		同義語・対義語					
		熟語					○
		ことわざ・慣用句	○				
	表現	短文作成					
		作文(自由・課題)					
		その他				○	○
	文法	文と文節					
		品詞・用法	○		○		
		仮名遣い	○	○	○	○	○
		敬語・その他					
	古文の口語訳		○	○			○
	表現技法						○
	文学史					○	
問題文の種類	散文	論説文・説明文	○	○	○	○	○
		記録文・報告文					
		小説・物語・伝記					
		随筆・紀行・日記					
	韻文	詩					
		和歌(短歌)					
		俳句・川柳					
	古文		○	○	○	○	○
	漢文・漢詩						

中越高等学校

2023年度 合否の鍵はこの問題だ!!

数学 5

(1)　$y=ax^2$に点Aの座標を代入して，$2=a\times(-2)^2$

$a=\frac{1}{2}$

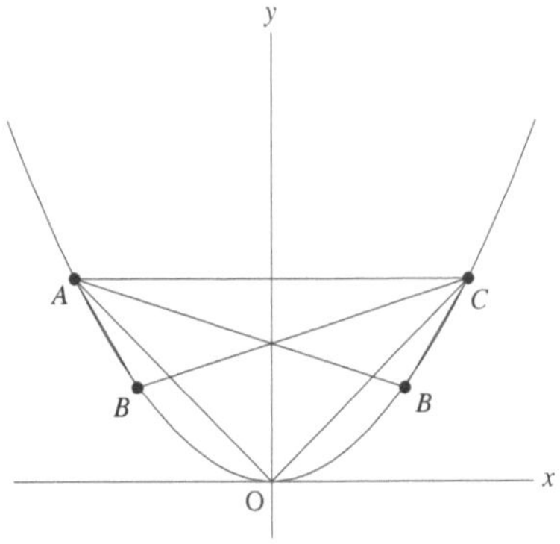

(2)　$y=\frac{1}{2}x^2$…①　　xの変域に0を含んでいるので，①の最小値は$x=0$のとき，$y=0$　　最大値は$x=-4$のときの値だから，①に$x=-4$を代入して，$y=\frac{1}{2}\times(-4)^2=8$　　よって，yの変域は，$0\leqq y\leqq 8$

(3)　点Cはy軸に関して点Aと対称な点だから，C(2，2)　　AC$=2-(-2)=4$　　△AOCのACを底辺としたときの高さは2だから，△AOC$=\frac{1}{2}\times4\times2=4$

(4)　B$\left(b,\ \frac{1}{2}b^2\right)$　　△ABCのACを底辺としたときの高さは，$2-\frac{1}{2}b^2$　　△ABC$=\frac{1}{2}$△AOCから，$\frac{1}{2}\times4\times\left(2-\frac{1}{2}b^2\right)=\frac{1}{2}\times4$，$4-b^2=2$，$b^2=2$，$b=\pm\sqrt{2}$

【別解】　△ABCと△AOCの共通な辺ACを底辺とすると，面積は高さの比と比例する。よって，高さが$\frac{1}{2}$になるから，$2-\frac{1}{2}b^2=2\times\frac{1}{2}$より，$b^2=2$　　$b=\pm\sqrt{2}$

◎　(4)では点Bのx座標は正の値という条件がないので，マイナスの場合もあてはまる。問題の図に惑わされないように気をつけよう。

英語 [5]

[5]の会話文中の選択式文挿入問題を取り上げる。

8題の小問から構成されており，各空所に対する選択肢は4文ずつ与えられている。

解答法としては，消去法を併用しながら，文脈や文法的観点から，正答の絞り込みをすると良いだろう。

特に，会話で頻発する慣用表現が問題文中に散見されているので，日頃から，会話体の英文に多く接することが大切である。

併せて，基本語いと基礎文法を身につけることが必須である。熟語や構文を含む語い力の強化を図ると共に，文法問題集の問題演習を通じて，基礎文法を確実にマスターすることで，総合的な英語力の伸長をめざすことが，間接的に，本設問に対する対処法につながるであろう。

国語 【一】 問六(2)

★なぜこの問題が合否を分けたのか

本文を精読する力が試される設問である。傍線部の前後だけでなく，本文の最後までしっかり読んで解答しよう！

★こう答えると「合格できない」！

直後に「自分なりの感じかたを知り，しっくりする言葉をつかむには，どうしたらよいでしょうか」とあり，「武器」の説明になっているが，ここから「武器」を言い換えた七字の言葉は抜き出せない。「自分なりの感じかた」「しっくりする言葉」を七字の言葉で表現している部分を探してみよう！

★これで「合格」！

続いて，『枕草子』の「うつくしきもの」の章段を具体例として挙げ，本文最後に「『うつくし』のような抽象的な言葉も，具体的なものと結びつければ，自分だけの表現になるというわけです」と述べられているので，「自分なりの感じかた」「しっくりする言葉」と説明されている「武器」を言い換えた言葉として，ここから「自分だけの表現(7字)」を抜き出そう！

ダウンロードコンテンツのご利用方法

※弊社 HP 内の各書籍ページより，解答用紙などのデータダウンロードが可能です。

※巻頭「収録内容」ページの下部 QR コードを読み取ると，書籍ページにアクセスが出来ます。（ Step 4 からスタート）

Step 1 東京学参 HP（https://www.gakusan.co.jp/）にアクセス

Step 2 下へスクロール『フリーワード検索』に書籍名を入力

Step 3 検索結果から購入された書籍の表紙画像をクリックし，書籍ページにアクセス

Step 4 書籍ページ内の表紙画像下にある『ダウンロードページ』を

クリックし，ダウンロードページにアクセス

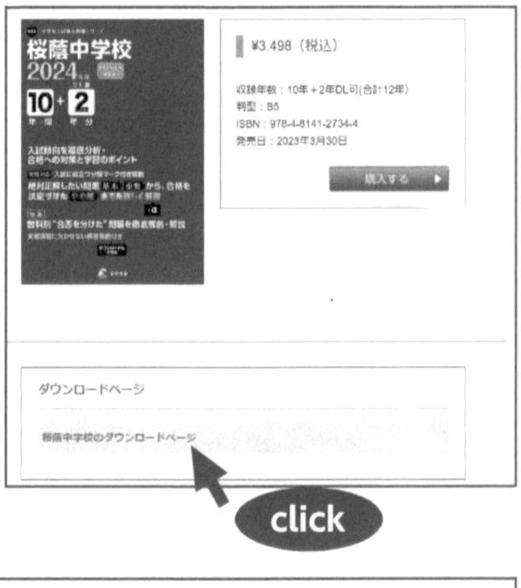

Step 5 巻頭「収録内容」ページの下部に記載されている

パスワードを入力し，『送信』をクリック

解答用紙・+αデータ配信ページへスマホでアクセス！ ⇒

＊データのダウンロードは 2024 年 3 月末日まで。

＊データへのアクセスには，右記のパスワードの入力が必要となります。 ⇒ ●●●●●●

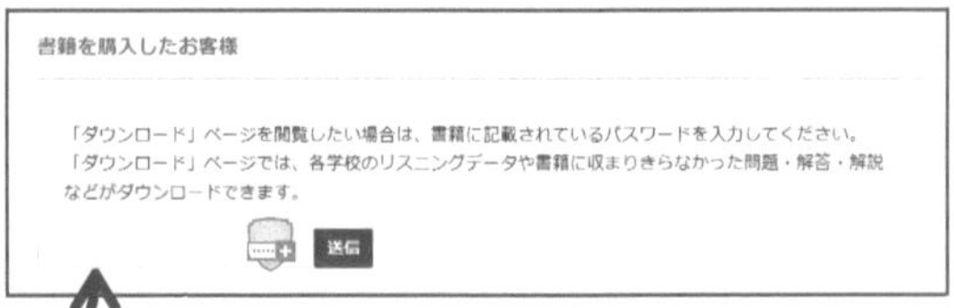

Step 6 使用したいコンテンツをクリック

※ PC ではマウス操作で保存が可能です。

2023年度

入　試　問　題

2023年度

中越高等学校入試問題

【数　学】（45分）　＜満点：100点＞

1　次の計算をしなさい。

⑴　$4^2-(-5)^2$

⑵　$\dfrac{6}{7}\times\dfrac{2}{3}-\dfrac{4}{5}\div\dfrac{21}{25}$

⑶　$\sqrt{70}\times\sqrt{42}$

⑷　$\dfrac{3x-2y}{5}-\dfrac{x+y}{3}$

2　次の各問いに答えなさい。

⑴　連立方程式 $\begin{cases} x-y=12 \\ \dfrac{1}{3}x+\dfrac{2}{3}y=-1 \end{cases}$ を解きなさい。

⑵　$2xy+x-2y-1$ を因数分解しなさい。

⑶　ある整数を２乗したものは，その数を６倍して７を足したものに等しいという。この整数を求めなさい。

⑷　$\sqrt{504n}$ が自然数となるような最小の n の値を求めなさい。

⑸　次の図において，$\angle x$ と $\angle y$ の値を求めなさい。ただし，$l /\!/ m$ とする。

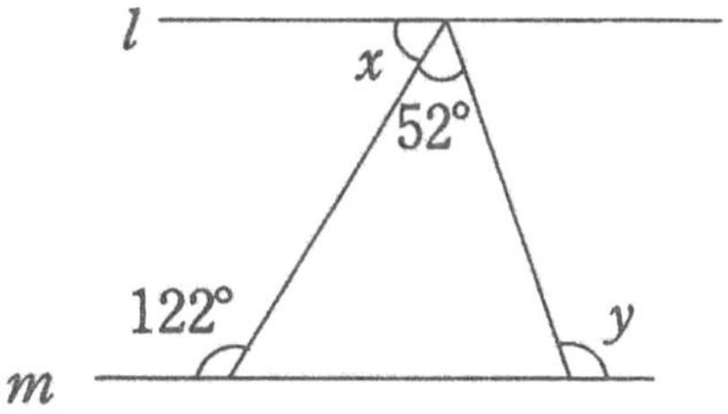

⑹　Aさんの家は学校から1.8㎞離れており，Bさんの家はAさんの家からさらに300m離れている。２人は同時に家を出て，Aさんは分速60mで歩いている。このとき，次の問いに答えなさい。ただし，２人の進む速度は一定であるとする。

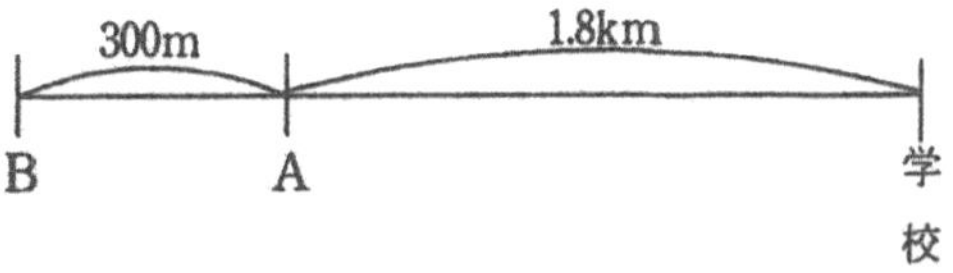

(i)　２人が同時に学校に着いたとき，Bさんは分速何mで歩いたか求めなさい。

(ii)　Bさんは自転車に乗って分速100mで走った。Bさんは道を間違えて普段より150m長い距離を走ったが，途中でAさんに追いついた。このとき，追いついた地点はAさんの家から何m離れているか求めなさい。

3 右の表は，あるクラスの男子生徒全員について，ソフトボール投げの記録をもとにして作ったものである。次の問いに答えなさい。

⑴ 表の（ア）にあてはまる数を求めなさい。

⑵ この表の最頻値を求めなさい。

⑶ 投げた記録が40m未満の生徒の相対度数を求めなさい。

⑷ 男子生徒全員の記録の平均値を求めなさい。

階級(m)	度数(人)
20以上～30未満	2
30～40	8
40～50	(ア)
50～60	5
60～70	2
70～80	1
計	25

4 袋の中に，赤玉が１個，白玉が４個の合計５個入っている。また，白玉には 1，2，3，4 の数が１個につきそれぞれ１つずつ書かれている。この中から玉を同時に２個取り出し，次のルールで点数Xを決める。

【ルール】 ① 取り出した玉の中に赤玉が含まれるとき，白玉の数を２倍した値をXとする。

② 取り出した玉の中に赤玉が含まれないとき，２個の白玉の数の和をXとする。

このとき，次の問いに答えなさい。

⑴ $X=8$となる確率を求めなさい。

⑵ $X \geqq 6$となる確率を求めなさい。

5 下の図のように，関数$y=ax^2$のグラフ上に３点A，B，Cがある。点Aの座標は（−2，2），点BのX座標はbであり，点Cのy座標は点Aのy座標に等しい。

このとき，次の問いに答えなさい。

⑴ aの値を求めなさい。

⑵ 関数$y=ax^2$について，xの変域が $-4 \leqq x \leqq 2$ のとき，yの変域を求めなさい。

⑶ 三角形AOCの面積を求めなさい。

⑷ 三角形ABCの面積が三角形AOCの面積の$\frac{1}{2}$となるとき，bの値を求めなさい。

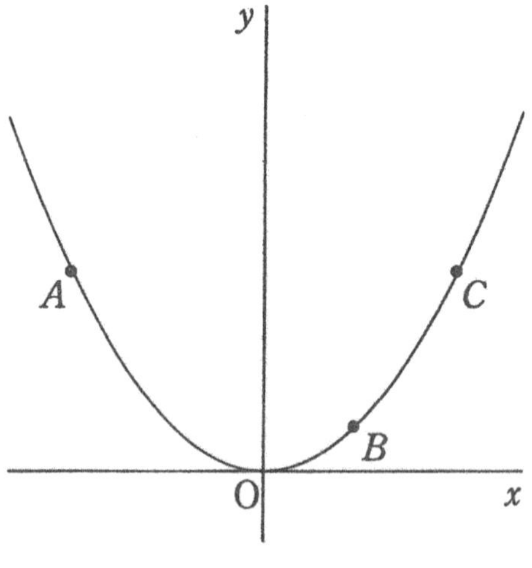

【英　語】（45分）　＜満点：100点＞

［1］ 以下は "breakfast" に関する記事と，それに対する３人の生徒のコメントである。英文を読み各問に答えなさい。＊印のついている語句には（注）があります。

Breakfast is the most important *meal of the day. But some people find it is hard to eat in the morning. They often say, "I don't have time to eat," or "I'm not hungry in the morning." ①These people should see why breakfast is so important.

After dinner, your body continues to use energy, even while you are sleeping. You need to get your energy back because you haven't had anything for almost 12 hours. If you don't have breakfast, you have to work with a little energy in your body. You cannot *concentrate on your study. But if you have breakfast, you feel good and you can begin your day with lots of (②). Some *experts say that students who eat breakfast every morning do better in class and get higher scores on some tests than ③students who skip breakfast. In this way, ④eating breakfast plays a big part in everyday life.

Many schools are trying hard to teach the importance of breakfast. In some schools, for example, students have a special morning class. In this class they can learn with their parents how to make a healthy breakfast.

You may be very busy every day. Some of you may think you don't need to take the time to eat in the morning. But eating breakfast is very important to make your day happy and healthy. Taking fifteen minutes for breakfast is better for you than fifteen minutes of *extra sleep.

Taro

When I saw this *article, I was very surprised. I didn't understand how important having breakfast is. I often don't have time to have breakfast, but I will wake up early and I won't skip breakfast anymore. I hope my scores on the next test will be better!

Kenji

This article was not a big surprise. My mother always wakes me up early because she wants me to have breakfast. I have never become sleepy in class before, so I think this article is true. I am now interested in making breakfast. I want to make breakfast for my family and I want to enjoy the morning time!

Maiko

I have known the importance of having breakfast. But it is more important for me to sleep longer than to have breakfast. I often do well in class and on tests, so I don't think I need to take time for breakfast.

（注） meal：食事　concentrate on ～：～に集中する　experts：専門家　extra：余分な
article：記事

(1) 下線部①の These people とはどのような人か日本語で答えなさい。

(2) 空所②に入る単語を本文中から1語抜き出し，答えなさい。

(3) 下線部③と最も近い意味を表す表現を下から選び記号で答えなさい。

ア students who have breakfast　　イ students who don't like breakfast

ウ students who don't eat breakfast　　エ students who enjoy breakfast

(4) 下線部④を日本語に訳しなさい。

(5) 本文の内容に合うものにはTを，合わないものにはFを書きなさい。

1) Some people don't eat breakfast.

2) Eating breakfast makes your body bigger.

3) In some schools, parents must learn how to make a healthy breakfast.

4) Taro and Maiko will have breakfast.

5) Kenji eats breakfast every day and he doesn't sleep in class.

(6) あなた自身について，以下の質問に3語以上の英語で答えなさい。

1) Is breakfast important for you?

2) What do you often eat for breakfast?

(7) この記事のタイトルとして最も適切なものを選び記号で答えなさい。

ア Breakfast In Japan　　イ Breakfast and Sleep

ウ How to Make a Healthy Meal　　エ The Importance of Breakfast

［2］ 次の各組で，下線部の発音が異なるものを1つ選び，符号で答えなさい。

(1)	ア late	イ head	ウ said	エ left	オ already
(2)	ア face	イ call	ウ break	エ great	オ rain
(3)	ア moon	イ blue	ウ lose	エ food	オ ground
(4)	ア those	イ either	ウ mouth	エ together	オ then
(5)	ア asked	イ listened	ウ studied	エ enjoyed	オ played

［3］ 後の各文の（　）内から最も適切なものを1つ選び，符号で答えなさい。

(1) The boy who played tennis with your sisters yesterday (ア. is　イ. are　ウ. be　エ. were) one of my friends.

(2) He (ア. is playing　イ. was playing　ウ. plays　エ. has played) the piano when I came into the room.

(3) Mary: Who runs the fastest of the five?
John: Taka (ア. does　イ. has　ウ. did　エ. is).

(4) John: (ア. When　イ. Why　ウ. How long　エ. How often) do you play golf?
Mary: Twice a month.

(5) Look at the white car (ア. whose　イ. whom　ウ. which　エ. how) has two doors.

(6) This book is (ア. easier　イ. more easy　ウ. more easier　エ. easyer) than that book.

(7) This is the letter (ア. writing イ. written ウ. write エ. wrote) by my father.
(8) Some of (ア. we イ. our ウ. us エ. ours) bought a lot of books at the store.

［4］ aとbのそれぞれの文がほぼ同じ意味となるように，空欄に入る適切な語を書きなさい。

(1) a. Where does he live? Do you know?
b. Do you know where (　　)(　　)?

(2) a. Roy was so busy that he could not eat lunch.
b. Roy was (　　) busy (　　) eat lunch.

(3) a. He drives a bus. That is his job.
b .(　　) a bus is his job.

(4) a. My sister visited Nagaoka last week, and she is still here now.
b. My sister has (　　) in Nagaoka (　　) last week.

［5］ 後の①～⑧の空欄に当てはまる最も適切な文を下から1つ選び，符号で答えなさい。

(1) A：Have you ever read this book?
B：(①) It was very interesting.
ア. Yes, I do.　　イ. No, I don't.
ウ. Yes, I have.　　エ. No, I haven't.

(2) A：I am sorry to be late.
B：(②) You are only three minutes late. What happened?
A：The bus was late because it was raining.
ア. No, thank you.　　イ. You are welcome.
ウ. I am sorry to hear that.　　エ. That's all right.

(3) A：May I play with your soccer ball?
B：Of course. (③)
A：Thank you. I will give it back to you tomorrow.
ア. No, you must not.　　イ. That's right.
ウ. Here you are.　　エ. Yes I do.

(4) A：I don't feel well today.
B：(④) You should go home early.
ア. That's too bad.　　イ. Excuse me.
ウ. Nice to meet you.　　エ. No, you aren't.

(5) (空港の税関にて)
A：Show me your passport, please.
B：Sure. This is my passport.
A：Where are you going to stay in Japan?
B：(⑤)
ア. First time.　　イ. For a week.
ウ. From Canada.　　エ. In Yokohama.

(6) A：We are having a party tomorrow. Can you come?
B：(⑥)
ア. That's wrong.　　イ. Please come in.
ウ. I'd love to.　　エ. Let me know.

(7) A：Jim, that's Dad's watch. (⑦)
B：Don't worry, Mom. He said I could borrow it.
ア. It's a nice present.　　イ. He has it now.
ウ. I can't buy it.　　エ. You shouldn't use it.

(8) A：(⑧)
B：I can't find my racket.
ア. What is in it?　　イ. What would you like?
ウ. What's the matter?　　エ. What is it like?

[6] 次は恵子と朝子がアメリカから来たMayをピクニックに誘ったときの対話である。メモをもとに，あとの問に答えなさい。

メモ	
8:50	バスターミナル集合
9:00	出発
10:00	キャンプ場到着 昼食準備 （カレーライス）
12:00	昼食
1:00	川で魚釣り
3:30	キャンプ場出発
4:30	バスターミナル到着

May: What time shall we start?
Keiko: Our bus leaves at nine o'clock. Let's ア(m　　) at the bus station at eight イ(f　　).
May: What time will we get to the camping place?
Keiko: [1].
May: Then we will have enough time to cook our ウ(l　　), won't we?
Asako: Yes. ①[going / we / make / are / to / will] curry and rice.
May: Oh, that's good! I like it very much. By the way, ②[do / in / what / afternoon / we / can / the / where]?
Asako: We can エ(f　　) in the river. The camping place is very beautiful.
May: All right. Well, see you tomorrow morning.

(1) ア～エの空所に適する単語を1語ずつ書きなさい。ただし，与えられた1文字目に続けて書くこと。
(2) [1] に適する，Weで始まる英文を書け。
(3) ①･②の [ ] 内の語を並べ替えて，正しい英文を完成させなさい。ただし，それぞれ不要な語が1語あります。また，文頭の文字は大文字で始めること。

[7] 次のページの表を参考にして，遊園地での2人の対話文の( )に当てはまるものを，①については(1)のア～エから，②～④については組み合わせとして最も適切なものを(2)のア～エから，それぞれ1つずつ選び，符号を書きなさい。

アトラクション	The Moon Trip	The Big Train	The River Trip	The Magic House
特徴	スリル満点	園内を周遊	水しぶきに注意	マジックショー 200席の大ホール
条件	身長90cm未満 または4歳以下 は不可		身長100cm未満 または6歳以下 は不可	
所要時間	3分	15分	7分	40分
待ち時間	現在55分 待ち	現在20分 待ち	現在55分 待ち	現在20分 待ち

Taro: I want to take The River Trip. It looks so exciting.
Mother: You know, your brother Ken is (①) years old. So we can't.
Taro: Then, how about (②)? He can ride on it.
Mother: Well, we have to wait for about one hour. I don't like that. I want to sit in a chair for a long time. Shall we go to (③)?
Taro: I think it is difficult for Ken, and I don't think he can stay in his seat for that long time. So let's take (④). I hope he will like it.

(1) ア 3　イ 5　ウ 7　エ 9

(2) ア ② The Magic House　③ The Big Train　④ The Moon Trip
　イ ② The Magic House　③ The Moon Trip　④ The Big Train
　ウ ② The Moon Trip　③ The Magic House　④ The Big Train
　エ ② The Moon Trip　③ The Magic House　④ The River Trip

［8］ 後の(1)～(5)の日本語の意味を表す英文になるように（　）内の語（句）を並べ替え，[1]，[2]に入る語（句）の符号を順に答えなさい。ただし，文頭に来るものも小文字で書いてあります。

(1) 公園で野球をしている子どもたちをごらんなさい。
_____ [1] _____ [2] _____ _____ the park.
（ア．the children　イ．baseball　ウ．in　エ．at　オ．look　カ．playing）

(2) 妹のカメラはどこか故障しています。
_____ [1] _____ [2] _____ _____ camera.
（ア．with　イ．sister's　ウ．my　エ．is　オ．something　カ．wrong）

(3) できるだけ早く旅行の写真をお送りします。
I will send _____ [1] _____ [2] _____ _____ as possible.
（ア．you　イ．as　ウ．of　エ．soon　オ．our trip　カ．pictures）

(4) 医者は私に，この薬を毎日夕食後に飲むように言った。
The doctor _____ [1] _____ [2] _____ _____ day after dinner.
（ア．every　イ．told　ウ．to　エ．this medicine　オ．take　カ．me）

⑸ あなたは何回イタリアへ行きましたか？

_____ [1] _____ [2] _____ _____ to Italy?

（ア．have　イ．you　ウ．how　エ．been　オ．many　カ．times ）

子どもに最低限不可欠なものは何か？　項目別、　一般市民の評価

	希望するすべての子どもに絶対に与えられるべきである	与えられたほうが望ましいが、家の事情（金銭的など）で与えられなくてもしかたがない	与えられなくてもよい	わからない
朝ご飯	91.8%	6.8%	0.3%	1.1%
医者に行く（健診も含む）	86.8%	11.2%	0.6%	1.4%
歯医者に行く（歯科健診も含む）	86.1%	11.9%	0.6%	1.4%
遠足や修学旅行などの学校行事への参加	81.1%	16.8%	0.7%	1.3%
学校での給食	75.3%	16.6%	4.7%	3.4%
手作りの夕食	72.8%	25.3%	0.8%	1.2%
希望すれば、高校・専門学校までの教育	61.5%	35.2%	1.6%	1.7%
絵本や子ども用の本	51.2%	43.8%	2.9%	2.1%
子どもの学校行事に親が参加	47.8%	43.8%	5.9%	2.4%
（希望すれば）短大・大学までの教育	42.8%	51.1%	4.2%	1.9%
お古でない文房具（鉛筆、ノートなど）	42.0%	48.7%	7.1%	2.2%
誕生日のお祝い（特別の夕食、パーティ、プレゼントなど）	35.8%	52.4%	9.7%	2.1%
1年に1回くらい遊園地や動物園に行く	35.6%	53.6%	8.3%	2.6%
少なくとも一組の新しい洋服	33.7%	55.8%	8.7%	1.9%
友だちを家に呼ぶこと（小学生以上）	30.6%	56.3%	9.9%	3.1%
適当なお年玉	30.6%	56.3%	10.5%	2.6%
クリスマスのプレゼント	26.5%	52.7%	18.5%	2.3%
適当なおこづかい（小学生以上）	23.1%	61.5%	12.9%	2.5%
自転車（小学生以上）	20.9%	60.4%	15.7%	3.0%
数年に1回は一泊以上の家族旅行に行く	20.7%	58.6%	17.7%	3.0%
子ども部屋（中学生以上、同室含む）	17.0%	64.9%	16.1%	2.0%
親が必要と思った場合、塾に行く（中学生以上）	13.7%	54.6%	27.4%	4.3%
一つくらいのお稽古ごとに通う	13.4%	53.3%	30.6%	2.6%
周囲のほとんどの子が持つスポーツ用品やおもちゃ	12.4%	65.9%	18.7%	2.9%

たがない」と答える人が　⑩　なのである。

〈選択肢〉

(ア)　1	(イ)　8
(ウ)　12.4	(エ)　51.2
(オ)　朝ごはん	(カ)　夜ごはん
(キ)　学校関連	(ク)　絶対に必要である
(ケ)　必要でない	(コ)　わからない
(サ)　大多数	(シ)　少数
(ス)　クリスマスのプレゼント	(セ)　驚き
(ソ)　納得	

ジの中から一つ選び、記号で答えなさい。

ア　誰かいるのか　　イ　誰なのだろう
ウ　誰もいないのか　エ　誰か来てくれ

問二　――線部②「あやしくて」の意味として適当なものを、次の中から一つ選び、記号で答えなさい。

ア　不思議に思って　イ　怪しく思って
ウ　怖くて　　　　　エ　疑って

問三　――線部（ア）「言ふ」・（イ）「あらはす」をそれぞれ現代かなづかいに直し、ひらがなで答えなさい。

問四　――線部（X）「もとの笛を返し取らむ」・（Y）「召して吹かせ給ふ」の主語として適当なものを。次の中から一つ選び、記号で答えなさい。

ア　博雅三位
イ　いまだ見ぬ人
ウ　帝
エ　浄蔵

問五　――線部③「この笛の主」とは誰のことか。本文中から抜き出しなさい。

問六　――線部④「こそ聞け」は文中の「こそ」によって文末が「聞け」に変化している。このような関係を何というか。

問七　――線部⑤「この所」とはどこか。本文中から三字で抜き出しなさい。

問八　――線部⑥「かく」とはどのようなことか。解答欄に合うように、三十字以内で説明しなさい。

【三】　９ページの表は経済学者の阿部彩が２００８年に行った「児童必需品調査」の結果を抜粋したものである。次の文章を読み、①～⑩に当てはまる語句として適当なものを、次のページの選択肢の中から選びなさい。

回答者の５０％以上が「必要である」とした項目は　①　項目であり、最も高い割合の一般市民が「　②　」と答えたのは「　③　」（９１．８％）、次が、「医者に行く（健診も含む）」（８６．８％）「歯医者に行く（歯科健診も含む）」（８６．１％）、次が　④　の項目であり、「遠足や修学旅行などの学校行事への参加」（８１．１％）「学校での給食」（７５．３％）、「手作りの夕食」（７２．８％）、「希望すれば、高校・専門学校までの教育」（６１．５％）、「絵本や子ども用の本」（　⑤　％）は、かろうじて５割を超えた。

しかしながら、まがりなりにも「国民皆保険」を社会保障制度の一つの重要な理念として掲《かか》げている中、　⑥　割以上の市民が、すべての子どもが「医者に行く（健診も含む）」に「望ましいが、家の事情（金銭的など）で与えられなくてもしかたがない」と答えたことは、　⑦　であった。さらには、「周囲のほとんどの子が持つスポーツ用品やおもちゃ」については、　⑧　％の人しか「絶対に必要である」と答えていない。「　⑨　」や「誕生日のお祝い（特別の夕食、パーティ、プレゼントなど）」「1年に1回くらい遊園地や動物園に行く」「適当なおこづかい（小学生以上）」など、実際には、ほとんどの親が自分の子どもには与えているものについて、それが与えられない子どもがいても「しか

問八　⑦に入る言葉を、次の中から一つ選び、記号で答えなさい。

ア　あどけない存在が一生懸命に何かしようとしている

イ　きちんとして整っているものが気を抜いて失敗する

ウ　小さくてかわいらしい存在が大人びた行動をする

エ　着飾ったものではなく、自然とにじみ出る素朴な

【二】　次の文章を読んで、後の問いに答えなさい。

博雅三位《はくがのさんみ》、月の明かかりける夜、直衣《なほし》にて、朱雀門《すざくもん》の前に遊びて、夜
朱雀門の前に散歩しに行き、一晩中
もすがら笛を吹かれけるに、同じさまに、直衣着たる男の、笛吹きけれ
笛を吹いていたところ、　同じように、
ば、①誰ならむと思ふほどに、その笛の音、この世にたぐひなくめでたく
この世に例がない見事な音色であったので
聞こえければ、②あやしくて、近寄りて見ければ、いまだ見ぬ人なりけり。
我ものをも言はず、かれも言ふ(ア)ことなし。かくのごとく、月の夜ごと
月夜のたびに行
に行きあひて吹くこと、夜ごろになりぬ。
き会って。笛を一緒に吹くことが幾晩も続いた
かの人の笛の音、ことにめでたかりければ、試みに、かれを取り替へ
て吹きければ、世になきほどの笛なり。

そののち、なほなほ月ごろになれば、行きあひて吹きけれど、(X)「もとの笛
その後も、月夜の晩になると、二人は互いに行き会って一緒に笛を吹いたが
を返し取らむ。」とも言はざりければ長く替へてやみにけり。三位失せ
とも言わなかったので　そのまま長くお互いの笛を交換したままになって
てのち、帝、この笛を召して、時の笛吹きどもに吹かせらるれど、その
しまった。　当時の笛吹きたちに吹かせなさったが、
音を吹きあらはす(イ)人なかりけり。

そののち、浄蔵《じやうざう》といふ、めでたき笛吹きありけり。(Y)召して吹かせ給ふ
に、かの三位に劣らざりければ、帝、御感ありて、③「この笛の主、朱雀
帝は感心なさって
門の辺りにて得たりけるとこそ④聞け。浄蔵、⑤この所に行きて、吹け。」と
仰せられければ、月の夜、仰せのごとく、かれに行きて、この笛を吹き
けるに、かの門の楼上《ろうじやう》に、高く大きなる音にて、「なほ逸物《いちもつ》かな。」とほ
やはり（その笛は）優れ物だなぁ
めけるを、⑥かくと奏しければ、初めて鬼の笛と知ろしめしけり。
と帝に報告申し上げたところ、初めて鬼の笛とお知りになられた。

（『方丈記』）

博雅三位……源博雅のこと　　直衣……普段着のこと

失せ……人が亡くなること　　浄蔵……平安時代中期の天台宗の僧

問一　——線部①「誰ならむ」の現代語訳として適当なものを、次のペー

的になっていきます。

まずは、雀《すずめ》の子がネズミのように鳴いて⑥ピョンピョン近づいてくる様子。

次に、二、三歳の子どもが急いでハイハイしてくる途中で小さなチリがあるのを目ざとく見つけて愛らしい指でつまんで大人に見せる様子。

最後に、おかっぱ頭の子どもが目に髪がかぶっているのを手で払わず、そのすきまから顔を(オ)カタムけて物を見ている様子。「頭はあまそぎなるちご」は、髪を払いあげもしないのですから、まだ幼さの残る少女でしょう。「あまそぎ」は、(カ)カタのあたりで切りそろえた尼さんのヘアスタイルですが、五、六歳の少女もこの髪型をしました。

これらを読むと、どれも情景が浮かんできます。そして、そこから清少納言の「うつくし」は、（　⑦　）様子をいうと理解できます。

順番にも注目してみましょう。雀の子、二、三歳の幼児、おかっぱ頭の少女と、小さい順に並べられているのに気づいたでしょうか。何となくレッキョされているのではなく、よく考えられた文章だとわかりますね。

この「うつくし」は抽象的な言葉です。「抽象的」とは、具体的なものごとに共通する性質を抜き出して意味内容を一般的にとらえるさま。

この章段は、具体例をあげながら、清少納言の感性がとらえた「うつくしきもの」をあらわしています。つまり、「うつくし」のような抽象的な言葉も、具体的なものと結びつければ、自分だけの表現になるというわけです。

（『国語をめぐる冒険』所収　平野多恵の文章）

注1　バイリンガル……二言語を併用すること

注2　揶揄……からかうこと

問一　――線部（ア）～（カ）のカタカナは漢字に、漢字はひらがなに直しなさい。

問二　――線部①「試行錯誤」の意味を、次の中から一つ選び、記号で答えなさい。

ア　時代おくれであり、現代に適合しないこと。

イ　統一されておらず、ばらばらに乱れて、筋道がたたないこと。

ウ　さまざまな試みをくり返し、失敗を重ねながら日的に近づいていくこと。

エ　いくたび失敗しても屈せず、たち上がって奮闘すること。

問三　（②）に入る言葉を、本文中から十一字で抜き出しなさい。

問四　（③）に入る言葉を、本文中から二字で抜き出しなさい。

問五　――線部④「便利な言葉」とあるが、その理由は何か。「～だから」の形になるように本文中から十二字で抜き出しなさい。

問六　――線部⑤「武器は決して強くなりません」について、次の問いに答えなさい。

（1）「武器は決して強くなりません」とあるがそれはなぜか。本文中の語句を用いて説明しなさい。

（2）ここでいう「武器」とはどのようなものか。本文中より七字で抜き出しなさい。

問七　――線部⑥「ピョンピョン」は擬態語である。次の中から擬態語ではないものを一つ選び、記号で答えなさい。

ア　心が（ウキウキ）する。　イ　星が（キラキラ）と光る。

ウ　（ハキハキ）としゃべる。　エ　雨が（ザーザー）と降る。

【国　語】（四五分）〈満点：一〇〇点〉

【一】　次の文章を読んで、後の問いに答えなさい。

自分のことなのに言葉にできないのは、なぜでしょう。

それは、自分の気持ちがわからないからです。わからなければ言語化できるはずがありません。でも、それをなんとか表現しようと①試行錯誤する中で理解できることもあるでしょう。チャレンジする価値はあります。

ダブル・リミテッドという言葉を聞いたことがありますか。子どもの頃に複数の言語を使用する環境で育ち、（　②　）場合に、深い思考ができなくなってしまう問題です。日本で生まれ育った日本人を両親にもち、九歳の時に親の仕事の(ア)ツゴウでアメリカにやってきて、現地で高校生になった人がいます。家では日本語、外では英語を話し、日英の注1バイリンガル。うらやましいと思うかもしれませんが、母語の習得が十分でないと、もう一方の言語の力も育ちにくく、日常的なことはわかっても、ものごとを深く考え抜いたり、抽象的で難解な問題を思考したりできなくなる場合があります。

これは、思考が（　③　）に支えられていることを示しています。人間は、言葉を通してものごとを考えます。だから、自分が使う言葉の範囲をこえては思考できないのです。

――中略――

「かわいい」は、若い女の子は何を見ても「かわいい」しか言わないと注2揶揄《やゆ》されるくらい④便利な言葉です。でも使いやすいからといって、それだけを連発していてよいのでしょうか。

このひとことで、わかったつもり、言ったつもりになってしまいますが、考えないで済む、楽な言葉ばかり使っていると、⑤武器は決して強くなりません。

「かわいい」の先に進んで、自分なりの感じかたを知り、しっくりくる言葉をつかむには、どうしたらよいでしょうか。

そのヒントが、千年以上前に書かれた清少納言の『枕草子』にあります。国語の教科書でもおなじみの「うつくしきもの」の章段です。

古語「うつくし」の意味を確認しておきましょう。「うつくし」は、古くは妻や子どもなど、家族へのいつくしみの情愛を意味しました。時代とともに語義が広がり、いとおしいという慈愛《じあい》の気持ちから、幼い者や小さいもののかわいらしさ、さらには自然や物などの美一般、きちんとして整っている状態や好ましい印象のものにも使われるようになりました。意味する範囲が広く、小さくてかわいらしいものに使う点で、現代語の「かわいい」に通じますね。

『枕草子』「うつくしきもの」は、「～もの」ではじまり、様々なものごとを(イ)列挙する「物づくし」の章段です。清少納言が「うつくし」と感じるものが書き(ウ)ツラねられているだけですが、とても具体的に書かれています。それを読むうち、彼女が何を「うつくし」と思っていたのか、その感性がわかってきます。

――中略――

最初は瓜《うり》に描いた子どもの顔。甘くみずみずしい瓜と、あどけない子どもの顔は、ほほえましい組み合わせです。次から(エ)描写がどんどん具体

2023年度

解 答 と 解 説

《2023年度の配点は解答欄に掲載してあります。》

＜数学解答＞

1 (1) -9 (2) $-\frac{8}{21}$ (3) $14\sqrt{15}$ (4) $\frac{4x-11y}{15}$

2 (1) $x=7$, $y=-5$ (2) $(x-1)(2y+1)$ (3) 7, -1 (4) $n=14$
(5) $\angle x=58°$, $\angle y=110°$ (6) (i) 70m／分 (ii) 675m

3 (1) 7 (2) 35m (3) 0.4 (4) 45m

4 (1) $\frac{1}{10}$ (2) $\frac{2}{5}$

5 (1) $a=\frac{1}{2}$ (2) $0 \leqq y \leqq 8$ (3) 4 (4) $b=\pm\sqrt{2}$

○推定配点○

1 各4点×4 2 (5) 各2点×2 他 各5点×16 計100点

＜数学解説＞

基本 **1** (数・式の計算，平方根の計算)

(1) $4^2-(-5)^2=16-25=-9$

(2) $\frac{6}{7}\times\frac{2}{3}-\frac{4}{5}\div\frac{21}{25}=\frac{4}{7}-\frac{4}{5}\times\frac{25}{21}=\frac{4}{7}-\frac{20}{21}=\frac{12}{21}-\frac{20}{21}=-\frac{8}{21}$

(3) $\sqrt{70}\times\sqrt{42}=\sqrt{2\times5\times7\times2\times3\times7}=14\sqrt{15}$

(4) $\frac{3x-2y}{5}-\frac{x+y}{3}=\frac{3(3x-2y)-5(x+y)}{15}=\frac{9x-6y-5x-5y}{15}=\frac{4x-11y}{15}$

2 (連立方程式，因数分解，2次方程式の応用問題，平方根と平方数，角度，1次方程式の応用問題)

(1) $x-y=12$…① $\frac{1}{3}x+\frac{2}{3}y=-1$ 両辺を3倍して，$x+2y=-3$…② ②－①から，$3y=-15$ $y=-5$ ①に$y=-5$を代入して，$x-(-5)=12$ $x=12-5=7$

(2) $2xy+x-2y-1=x(2y+1)-(2y+1)=(x-1)(2y+1)$

(3) ある整数をxとすると，$x^2=6x+7$ $x^2-6x-7=0$ $(x-7)(x+1)=0$ $x=7$, -1

(4) $\sqrt{504n}=6\sqrt{14n}$ $n=14k^2$ (kは自然数)のとき，$\sqrt{504n}$は自然数になる。求めるnは最小の値だから，$n=14\times1^2=14$

基本 (5) 平行線の錯角は等しいことから，$\angle x=180°-122°=58°$，$\angle y=58°+52°=110°$

(6) (i) 1.8km＝1800m $1800\div60=30$ Bさんの速度は，$(1800+300)\div30=70$より，70m／分

(ii) Bさんが家を出てからx分後にAさんに追いついたとすると，$100x=60x+300+150$ $40x=450$ $x=\frac{450}{40}=\frac{45}{4}$ よって，追いついた地点はAさんの家から，$60\times\frac{45}{4}=675$(m)

3 （統計－度数分布表，最頻値，相対度数，平均値）

基本 (1)　$25-(2+8+5+2+1)=25-18=7$

基本 (2)　度数が一番多いのは，30m以上40m未満の階級だから，最頻値は，$\frac{30+40}{2}=35$(m)

基本 (3)　投げた記録が40m未満の生徒の人数は，$2+8=10$(人)　　よって，求める相対度数は，$10\div25=0.4$

(4)　平均値は，(階級値×度数)の和÷(度数の合計)で求められるから，
$\frac{25\times2+35\times8+45\times7+55\times6+65\times2+75\times1}{25}=\frac{1125}{25}=45$(m)

4 （確率）

(1)　玉の取り出し方は，(赤，白1)，(赤，白2)，(赤，白3)，(赤，白4)，(白1，白2)，(白1，白3)，(白1，白4)，(白2，白3)，(白2，白4)，(白3，白4)の10通り　　そのうち，X=8となる場合は，(赤，白4)の1通り　　よって，求める確率は$\frac{1}{10}$

(2)　X≧6となる場合は，(赤，白3)，(赤，白4)，(白2，白4)，(白3，白4)の4通り　　よって，求める確率は，$\frac{4}{10}=\frac{2}{5}$

5 （図形と関数・グラフの融合問題）

基本 (1)　$y=ax^2$に点Aの座標を代入して，$2=a\times(-2)^2$　　$4a=2$　　$a=\frac{1}{2}$

(2)　$y=\frac{1}{2}x^2$…①　　xの変域に0を含んでいるので，①の最小値は$x=0$のとき，$y=0$　　最大値は$x=-4$のときの値だから，①に$x=-4$を代入して，$y=\frac{1}{2}\times(-4)^2=8$　　よって，yの変域は，$0\leqq y\leqq8$

(3)　点Cはy軸に関して点Aと対称な点だから，C(2，2)　　$AC=2-(-2)=4$　　△AOCのACを底辺としたときの高さは2だから，$\triangle AOC=\frac{1}{2}\times4\times2=4$

重要 (4)　$B\left(b,\ \frac{1}{2}b^2\right)$　　△ABCのACを底辺としたときの高さは，$2-\frac{1}{2}b^2$　　$\triangle ABC=\frac{1}{2}\triangle AOC$から，$\frac{1}{2}\times4\times\left(2-\frac{1}{2}b^2\right)=\frac{1}{2}\times4$　　$4-b^2=2$　　$b^2=2$　　$b=\pm\sqrt{2}$

★ワンポイントアドバイス★

2(4)の問題文が，「$\sqrt{504n}$が整数となるような」となっていたら，求める最小のnは0になる。このような問題は，整数なのか自然数なのかしっかり確認するようにしよう。

＜英語解答＞

[1] (1) 朝食を食べない人。 (2) energy (3) ウ
(4) 朝食を食べることは日々の生活において重要な役割を果たしている。
(5) 1) T 2) F 3) F 4) F 5) T
(6) 1) Yes, it is.／No, it isn't. 2) I(often)eat bread[rice, fruits]for breakfast.／I don't eat breakfast. (7) エ

[2] (1) ア (2) イ (3) オ (4) ウ (5) ア

[3] (1) ア (2) イ (3) ア (4) エ (5) ウ (6) ア (7) イ
(8) ウ

[4] (1) he lives (2) too, to (3) Driving (4) stayed[lived], since

[5] (1) ウ (2) エ (3) ウ (4) ア (5) エ (6) ウ (7) エ
(8) ウ

[6] (1) ア meet イ fifty ウ lunch エ fish
(2) We will get there at ten o'clock(.)
(3) ① We are going to make(curry and rice.) ② What can we do in the afternoon(?)

[7] (1) イ (2) ウ

[8] (1) エ, カ (2) エ, ア (3) カ, オ (4) カ, オ (5) オ, ア

○推定配点○
[1] (3)・(5)・(7) 各2点×7 他 各3点×5 [2] 各1点×5 [3] 各1点×8
[4] 各3点×4(各完答) [5] 各2点×8 [6] (1)・(3) 各2点×6 (2) 4点
[7] 各2点×2 [8] 各2点×5(各完答) 計100点

＜英語解説＞

[1] (長文読解問題・論説文：語句解釈，語句補充・記述，英文和訳，要旨把握，不定詞，進行形，現在完了，助動詞，関係代名詞，動名詞，比較)

(全訳) 朝食は1日のうち最も重要な食事だ。でも，朝，食べることが困難だと感じる人々もいる。彼らはしばしば「食べる時間がない」とか，「朝，お腹が空いていない」とか言う。①これらの人々は，なぜ朝食がそれほど重要かを理解するべきだ。

夕食後，たとえ寝ている間でも，あなたの体はエネルギーを使い続けている。ほぼ12時間何も食べていないので，エネルギーを取り戻す必要がある。もし朝食を食べないと，体内に残された少ないエネルギーで，働いたり，勉強したりしなければならない。自分の勉強に集中することは不可能だ。でも，朝食を食べれば，気分が良くなり，多くの②エネルギーを得て，1日を始めることができる。③朝食を抜く生徒よりも，毎朝，朝食を食べる生徒の方が，授業中での活動は勝り，いくつかのテストではより高得点を取る，と唱える専門家もいる。このようにして，④朝食を食べることは，日々の生活において重要な役割を果たしているのである。

多くの学校では，朝食の重要性を懸命に教えようとしている。例えば，ある学校では，生徒は特別の朝の授業を受けている。この授業では，健康に良い朝食の作り方を，彼らの保護者と学ぶことができる。

あなたは毎日が非常に忙しいかもしれない。朝，食事をする時間を確保する必要がない，と考える人が，あなた達の中にはいるかもしれない。でも，1日を幸福で，健全なものにするためには，

朝食を食べることはとても重要である。朝食のために15分を確保することは，15分の余分な睡眠よりも，あなたにとってより有益である。

タロウ／私はこの記事を読んで，とても驚いた。朝食を食べることはいかに重要か，を理解していなかった。私にはしばしば朝食を食べる時間がないが，今後は，朝早く起きるようにして，もう朝食を抜くことはやめようと思う。次回のテストの点数がより良くなることを願っている。

ケンジ／この記事はそれほど驚くべきことではなかった。母は私に朝食を食べて欲しいので，彼女は常に私を早く起こしてくれる。私はこれまでに授業中に眠くなったことは決してないので，この記事は真実だと思う。今，私は朝食を作ることに興味がある。私は家族のために朝食を作り，朝の時間を楽しみたい。

マイコ／私は朝食を食べることの重要性を自覚してきた。でも，私にとっては，朝食を食べるよりも，より長く寝る方が，もっと重要である。しばしば，授業でもテストでも上手くやっているので，朝食のために時間を確保する必要はないと思う。

基本 (1) 下線部①の前に some people find it is hard to eat in the morning. They often say, “I don’t have time to eat,” or “I’m not hungry in the morning.” と書かれているのを参考にすること。下線部①の these people とは，朝食を食べない人のことである。it is hard to eat in the morning「朝食べることが難しい」← <It is + 形容詞 + 不定詞[to + 原形]>「～［不定詞］することは…［形容詞］だ」 I don’t have time to eat.「食べるための時間がない」← <名詞 + 不定詞[to + 原形]>「～するための名詞」不定詞の形容詞的用法

やや難 (2) 「夕食後，たとえ寝ている間でも，あなたの体はエネルギーを使い続けている。ほぼ12時間何も食べていないので，エネルギーを取り戻す必要がある。もし朝食を食べないと，体内に残された少ないエネルギーで，働き，勉強しなければならない。勉強に集中することができない。でも，朝食を食べれば，気分が良くなり，多くの(　②　)を得て，1日を始めることができる」以上の文脈より，朝食を食べて補充されるもの energy「エネルギー」が，正解であることは明らか。while you are sleeping ← 進行形<be動詞 + 現在分詞[原形 + -ing]> you haven’t had anything ← <have + 過去分詞>現在完了(完了・結果・継続・経験)have to work ← <have + 不定詞[to + 原形]>「～しなければならない，であるに違いない」

基本 (3) 下線部③は「朝食を抜く生徒」なので，正解は，ウ 「朝食を食べない生徒」。skip = to not do something that you usually do or should do「飛ばす，抜かす，省く」students who skip [don’t eat]breakfast ← <先行詞(人)+ 主格の関係代名詞 who + 動詞>「動詞する先行詞」something that you usually do or should do「あなたが通常し，あるいは，するべきもの」← <先行詞+ 目的格の関係代名詞 that + 主語 + 動詞>「主語が動詞する先行詞」／should「～すべきである，するはずだ」 ア 「朝食を食べる生徒」 イ 「朝食が好きでない生徒」 エ 「朝食を楽しむ生徒」

重要 (4) eating breakfast ← 動名詞<原形 + -ing>「～すること」 play a part「役割を果たす」

重要 (5) 1) 「朝食を食べない人がいる」(○) 第1段落第2文に some people find it is hard to eat in the morning. と書かれている。 2) 「朝食を食べることは，体をより大きくする」(×) 記述なし。eating breakfast ← 動名詞<原形 + -ing>「～すること」makes your body bigger ← make O C「OをCの状態にする」／bigger ← big「大きい」の比較級 3) 「ある学校では，親が健全な朝食の作り方を学ばなければならない」(×) 第3段落第2・3文に In some schools, for example, students have a special morning class. In this class they can learn with their parents how to make a healthy breakfast. とあるが，親が健全な朝食の作り方を学ばなければならない，というような義務・必要を意味する表現は使われていない。must「～しなけ

ればならない，に違いない」<how + 不定詞[to + 原形]>「～する方法・仕方」 for example「例えば」 4) 「タロウとマイコは朝食を食べるようになるだろう」(×) タロウはしばしば朝食を抜いていたが，今後は朝食を食べるようにすると述べている。一方，マイコは，it is more important for me to sleep longer than to have breakfast.／I don't think I need to take time for breakfast. と述べており，彼女が今後，朝食を食べるようになるとは考えづらいので，本文に対して不一致と判断できる。I often don't have time to have breakfast「朝食を食べる時間がしばしばない」← <名詞 + 不定詞[to + 原形]>「～するための名詞」不定詞の形容詞的用法 wake up「目を覚ます，起きる」 not ～ anymore「もはや～でない」 it is more important for me to sleep ～「寝るのは私にとってより重要である」← <It is + 形容詞 + for + S + 不定詞[to + 原形]>「Sにとって～［不定詞］するのは…［形容詞］だ」 more important ← important「重要な」の比較級 longer ← long「長く」の比較級 5) 「ケンジは毎日朝食を食べていて，授業中に寝ない」(○) ケンジのコメントに，My mother always wakes me up early because she wants me to have breakfast. I have never become sleepy in class before, ～ とある。<wake + 人 + up>「人を起こす」 she wants me to have breakfast「彼女は私に朝食を食べて欲しい」← <want + 人 + 不定詞[to + 原形]>「人に～［不定詞］して欲しい」 have never become sleepy「決して眠くなったことはない」← 現在完了<have + 過去分詞>(完了・結果・経験・継続)

やや難 (6) 1) 「朝食はあなたにとって大切ですか」肯定で答えるならば，Yes, it is.／否定で答えるならば，No, it isn't. となる。 2) 「朝食にあなたはしばしば何を食べますか」食べるのならば，I(often)eat ～ for breakfast. と具体的に食べるものを答えて，食べないのならば，I don't cat breakfast. 等と答える。

重要 (7) Breakfast is the most important meal of the day.(第1段落第1文) ／In this way, eating breakfast plays a big part in everyday life.(第2段落最終文) ／eating breakfast is very important to make your day happy and healthy. Taking fifteen minutes for breakfast is better for you than fifteen minutes of extra sleep.(第4段落最後から第1・2文)以上より，正解は，エ 「朝食の重要性」。the most important ← important「重要な」の最上級 eating breakfast「朝食を食べること」／taking fifteen minutes for breakfast「朝食に15分とること」← 動名詞 <原形 + -ing>「～すること」 ア 「日本の朝食」 イ 「朝食と睡眠」 ウ 「健全な食事の作り方」<how + 不定詞[to + 原形]>「～する方法」

基本 [2] (話し方・聞き方：単語の発音)

(1) アのみ[ei]。他は[e]。 (2) イのみ[ɔː]。他は[ei]。 (3) オのみ[au]。他は[uː]。
(4) ウのみ[θ]。他は[ð]。 (5) アのみ[t]。他は[d]。

重要 [3] (文法・語句補充・選択：関係代名詞，進行形，現在完了，比較，分詞)

(1) 「昨日，あなたの姉妹と一緒にテニスをした少年は，私の友人の1人です」主語は the boy で，3人称単数。「その少年が私の友人の1人である」で，時制は現在形。したがって，正解は，ア. is。関係代名詞 who の後ろの動詞が played で過去形になっており，文全体の動詞 is と時制がずれているので，注意。

(2) 「私がその部屋に入った時に，彼はピアノを弾いていました」「部屋に入った」という過去の一時点において，ピアノを弾くという行為が進行中だったので，過去進行形の イ. was playing が正解。進行形<be動詞 + 現在分詞[原形 + -ing]> ア. 現在進行形 ウ. 現在形 エ. 現在完了形

(3) メアリ：「5人の中で，誰が最も速く走りますか」／ジョン：「タカです」現在形の一般動詞

の疑問文に対する応答文で，主語が3人称単数であることから考えること。正解は，ア． does。fastest ← fast「速い」の最上級＜最上級 + of + 複数名詞＞「…の中で最も～」

(4) ジョン：「どのくらいの頻度で，あなたはゴルフをしますか」／メアリー：「ひと月に2回です」空所を含む質問に対して，「ひと月に2回」とゴルフをする頻度を答えているので，正解は，エ． How often。How often ～？「何回，どれほど頻繁に～」頻度を尋ねる表現。twice a month「ひと月に2回」 ア．「いつ」 イ．「なぜ」 ウ．「どのくらい長く」

(5) 「2つのドアを有する白い車を見なさい」正解は，先行詞が物で，主格の関係代名詞であるウ． which。 ア． 所有格の関係代名詞 whose イ． 先行詞が人で目的格の関係代名詞 whom エ．「いかに」関係副詞 how

(6) 「この本はあの本と比べてより易しい」＜比較級 + than A＞「Aと比べてより～」正解は，easy の比較級であるア． easier。通常，比較級は＜原級 + -er＞だが，語尾が＜子音 + y＞の場合には，yをiに変えて，-erをつけるので，注意。他の選択肢は，easyの比較級としてはまちがった形なので，不可。

(7) 「これは私の父によって書かれた手紙です」正解は，writeの過去分詞であるイ． written。＜名詞 + 過去分詞 + 他の語句＞「～された名詞」過去分詞の形容詞的用法 ア． write の現在分詞／動名詞 ウ． write の原形 エ． write の過去形

(8) 「私達のうちの何人かは，その店で多くの本を買った」前置詞 of の後ろに空所があるので，目的格のウ． us が当てはまる。 ア．「私達は」 イ 「私達の」 エ 「私達のもの」

重要 [4] （文法・作文：言い換え・書き換え，間接疑問文，動名詞，現在完了，前置詞）

(1) a.「彼はどこに住んでいますか。あなたは知っていますか」／b.「彼がどこに住んでいるかをあなたは知っていますか」Do you know where he lives ? 疑問文(Where does he live ?)が他の文に組み込まれる[間接疑問文]と，＜疑問詞 + 主語 + 動詞＞の語順になる。解答では，lives と3人称現在のsをつけるのを忘れないように注意すること。

(2) a.「ロイはとても忙しいので，昼食を食べることができなかった」／b.「ロイは忙しすぎて，昼食を食べられなかった」＜so ～ that 主語 + cannot + 原形＞「とても～なので，主語が…[動詞]できない」= ＜too A + 不定詞[to + 原形]＞「～ [不定詞]するにはAすぎる，あまりにもAすぎて～ [不定詞]できない」

(3) a.「彼はバスを運転する。それが彼の仕事だ」／b. 「バスを運転することが彼の仕事だ」driving a bus ← 動名詞[動詞 + -ing]「～すること」

(4) a.「私の姉[妹]は先週長岡を訪問しましたが，彼女は未だにここにいます」／b.「私の姉[妹]は先週から長岡に滞在しています」has stayed ← ＜have[has]+ 過去分詞＞現在完了(完了・経験・結果・継続)since「～から，以降，以来」(過去の始点)

重要 [5] （読解：会話文，文挿入・選択，現在完了，不定詞，助動詞，進行形）

(1) A：「この本をかつて読んだことがありますか」／B：「①ウはい，読んだことがあります。非常におもしろかったです」空所の後で，It was very interesting. と答えているので，Aの質問「この本を読んだことがあるか」に対して，肯定で答えたことになる。＜Have you + 過去分詞 ～？＞主語が2人称の現在完了の疑問文に対して，肯定で答える場合には，Yes, I have. になる。

(2) A：「遅れてごめんなさい」／B：「②エ大丈夫です。3分遅れただけです。どうしたのですか」／A：「雨が降っていて，バスが遅れたのです」遅刻したことを謝罪したAに対して，Bは空所後に You are only three minutes late. と述べている。つまり，Bは気分を害していないということは明らかである。正解は，エ． That's all right.「大丈夫です」となる。 ア． No, thank you.「いいえ，結構です」 イ． You are welcome.「どういたしまして」(お礼の言葉に対す

る丁寧な応答） ウ．「それを聞いて残念です」I am sorry to hear that. ← <感情を表す語句 + 不定詞[to + 原形]>「～［不定詞］して，ある感情が沸き上がる」

(3) A：「あなたのサッカーボールで競技しても良いですか」／B：「もちろんです。③ウはい，どうぞ」／A：「ありがとう。明日，あなたに返します」Aがサッカーボールを貸して欲しい，と尋ねたところ，BはOf course. と答えているので，ボールを貸すことに同意したことがわかる。正解は，ウ． Here you are.「はい，どうぞ」となる。may「～してもよい，かもしれない」Of course.「いいですとも」（許可・同意） Here you are.「(相手にものを差し出して)はい，どうぞ。／はい，ここにあります」 ア．「いいえ，あなたはそれをしてはいけません」 must not「～してはいけない」（禁止） イ．「その通りです」 エ．「はい，私はそうします」

(4) A：「今日は気分がすぐれません」／B：「④アそれは，お気の毒に。あなたは早く家に帰るべきです」「気分がすぐれない」というせりふに対する応答文なので，正解は，ア．「お気の毒に」。That's too bad.「それはお気の毒なことで。／おあいにくさま。／残念だ」 イ．「すみません。／ごめんなさい。／ちょっと，失礼。／失礼ですが，あのう。」 ウ．「お会いできてうれしいです」 エ．「いいえ，あなたはそうではありません」

(5) A：「あなたのパスポートを見せてください」／B：「もちろんです。これが私のパスポートです」／A：「日本のどこに滞在するつもりですか」／B：「⑤エ横浜です」日本の滞在先を問われているので，それにふさわしい応答文を選ぶこと。正解は，エ． In Yokohama. となる。<be動詞 + going + 不定詞[to + 原形]>「～するつもりである，しそうである」 ア．「最初です」 イ．「1週間です」 ウ．「カナダからです」

(6) A：「明日，パーティーを開くつもりです。あなたは来られますか」／B：「⑥ウ行きたいです」パーティーに来ることができるかどうかを尋ねられているので，それにふさわしい応答文を選ぶこと。I'd love to. ← <would love + 不定詞[to + 原形]>「（ぜひ）～したい」We are having a party tomorrow. ← <be動詞 + 現在分詞[原形 + -ing]>近い未来を表す進行形。 ア．「それは間違っています」 イ．「どうか中に入ってください」 エ．「私に教えてください」 <let me + 動詞>「私に～させてください」

(7) A：「ジム，それはお父さんの時計よね。⑦エそれを使うべきではないわ」／B：「お母さん，心配しないで。彼は僕がそれを使ってもいいと言ったよ」空所のせりふを聞いて，Don't worry, Mom.と述べているので，ジムが父親の時計を使うことに，母親が反対で，危惧の念を抱いていることが推測される。正解は，エ．「それを使うべきではない」。shouldn't「～すべきでない」 Don't worry. ← <Don't + 原形>「～するな」（禁止）命令文の否定形。 ア．「素晴らしい贈り物ね」 イ．「今，彼はそれを持っているわ」 ウ．「私はそれを買うことはできないわ」

(8) A：「⑧ウどうしたのですか」／B：「私のラケットが見つかりません」状況より，「どうしたのか」と相手に尋ねるウが空所に当てはまる。What's the matter(with you)?（相手の健康・身の上を案じて）「どうしたんですか」 ア．「その中に何があるのですか」 イ．「どうしたいのですか。／何になさいますか。／ご注文はお決まりですか」 エ．「それはどのようにですか」

[6] **（長文読解問題：会話文，語句補充・記述，条件英作文，語句整序，付加疑問文，助動詞）**

（全訳） メイ：何時に出発しますか。／恵子：私達のバスは9時に出発します。8時イ50分にバスターミナルでア集合しましょう。／メイ：何時に私達はキャンプ場に到着することになっていますか。／恵子：1私達は10時にそこへ到着する予定です。／メイ：では，私達のウ昼食を準備するには，十分な時間がありますね。／朝子：ええ。①私達はカレーライスを作ることになっています。／メイ：あっ，それは良いですね。私はそれが大好きです。ところで，②午後，私達は何をすることができますか。／朝子：私達は川でエ魚釣りをすることができます。キャンプ場はとても美しいです。／メイ：わかりました。では，明日の朝，会いましょう。

やや難 (1)　ア・イ　メモによると，バスターミナルでの集合時間は8時50分なので，「8時50分にバスターミナルで会いましょう」という意味になるように，空所アには meet，空所イには fifty を入れる。<Let's + 原形>「～しようか」　ウ　「昼食」lunch　Then we will have enough time to cook our lunch, won't we ? ← 付加疑問文(確認・念押し)「～ですよね」<肯定文, 否定疑問文の短縮形[be動詞／助動詞の否定形 + 主語(に対応する代名詞)]>　エ　メモによると，午後には，川で魚釣りをすることになっているので，空所エには，「魚を釣る」を意味する動詞の fish が当てはまる。

やや難 (2)　メイの「何時にキャンプ場に到着するか」に対する応答文を完成させる問題。メモより，キャンプ場には10：00に到着することになっているので，「私達は10時にそこへ到着するでしょう」という意味を表す英文を考えればよい。主語が weの未来の文なので，<We will + 原形～.>となる。「そこへ到着する」get there「10時に」at 10 o'clock

重要 (3)　①　We are going to make(curry and rice.)不要な語は will。<be動詞 + going + 不定詞[to + 原形]>「～するつもり[予定]である，しそうである」= <助動詞 will + 原形>

②　what can we do in the afternoon ? 不要な語は where。疑問詞付きの助動詞を含む文の疑問文<疑問詞 + 助動詞 + 主語 + 原形 ～ ?>「午後に」in the afternoon

[7]　(長文読解問題・資料読解：会話文，内容吟味，語句補充・選択，接続詞，助動詞)

(全訳)　タロウ：僕は The River Trip に乗りたいよ。とてもおもしろそうだね。／母：わかっていると思うけれど，ケンは①5歳よ。だから，乗れないわ。／タロウ：では，②The Moon Trip はどうかなあ。それなら彼は乗れるよ。／母：そうね，約1時間待たなければならないわ。それはよくないわね。私は長時間椅子に座りたいわ。③The Magic House へ行きましょうか。／タロウ：ケンにとっては難しいと思うよ。そんなに長い時間，彼が席にじっとしていることができるとは思えないよ。だから，④The Big Train に乗ろうよ。彼が気に入ってくれると良いのだけれども。

やや難 (1)　The River Trip に乗ることができず，空所(　②　)には乗ることができる，という事実から考えること。年齢が乗車条件として提示されているのは，The River Trip と The Moon Trip だけなので，空所(　②　)には，The Moon Trip が該当する。よって，6歳以下が不可の乗り物には乗車できず，4歳以下が不可の乗り物には乗車できるということになるので，ケンは5歳である。so「だから，そういうわけで，それで」　How about ～ ?「～はどうか」(勧誘・提案)

やや難 (2)　年齢制限が明記されているのは，The River Trip と The Moon Trip しかないので，空所(　②　)には，The Moon Tripが当てはまる。長時間椅子に座るという条件を満たす空所(　③　)には，The Magic House が当てはまる。5歳児でも乗車でき，待ち時間が1時間に達することなく，40分も座ることはない，という条件を全て満たす The Big Train が，空所(　④　)に該当する。 for a long time「長時間」Shall we ～ ?「(提案して) ～しましょうか」

重要 [8]　(文法・作文：語句整序，分詞，比較，不定詞，前置詞，現在完了)

(1)　Look at the children playing baseball in(the park.)命令文 ― 動詞の原形で始める。「～しなさい」look at「～を見る」　the children playing baseball ← <名詞 + 現在分詞[原形 + -ing]+ 他の語句>「～している名詞」　in the park「公園で」

(2)　Something is wrong with my sister's(camera.)Something is wrong with A「Aはどこか調子が悪い」

(3)　(I will send)you pictures of our trip as soon(as possible.)<send + 人 + 物>「人に物を送る」　as ～ as possible「できるだけ～」

(4)　(The doctor)told me to take this medicine every(day after dinner.)<tell + 人 + 不定詞[to + 原形]>「人に～［不定詞］することを言う」every day「毎日」after dinner「夕食後に」

(5)　How many times have you been(to Italy ?)How many times ～ ?(回数を尋ねる表現) have[has]been to「～へ行ったことがある，行ってきたところだ」現在完了　主語が2人称で，疑問詞付きの現在完了の疑問文<疑問詞 + have + you + 過去分詞 ～ ?>

★ワンポイントアドバイス★

[2]の発音問題を取り上げる。小問5題より構成されており，5つの単語のうち下線部の発音が異なるものを選ぶ問題。出題されている語は，基礎的なものが中心であるが，単語を覚える際には，発音をきちんと確認すること。

<国語解答>

【一】 問一　(ア)　都合　(イ)　れっきょ　(ウ)　連　(エ)　びょうしゃ　(オ)　傾　(カ)　肩　問二　ウ　問三　母語の習得が十分でない　問四　言語
問五　考えないで済む，楽な言葉(だから)
問六　(1)　(例)　考えないで済む，楽な言葉ばかり使っていると，ものごとを深く考え抜いたり，抽象的で難解な問題を思考できないから。　(2)　自分だけの表現
問七　エ　問八　ア

【二】 問一　イ　問二　ア　問三　(ア)　いう　(イ)　あらわす　問四　X　イ　Y　ウ　問五　博雅三位　問六　係り結び(の法則)　問七　朱雀門
問八　(例)　朱雀門の楼の上から「優れものだ」という声が聞こえてきた(こと)

【三】 ①　イ　②　ク　③　オ　④　キ　⑤　エ　⑥　ア　⑦　セ　⑧　ウ　⑨　ス　⑩　サ

○配点○
【一】　問一　各2点×6　問五　4点　問六　(1)　5点　(2)　4点　他　各3点×5
【二】　問三　各3点×2　問八　6点　他　各4点×7
【三】　各2点×10　計100点

<国語解説>

【一】 (論説文一漢字，語句の意味，四字熟語，脱文・脱語補充，文脈把握，内容吟味，表現技法)

問一　(ア)「都」を「ツ」と読む熟語はほかに「都度」など。音読みはほかに「ト」。熟語は「都市」「遷都」など。訓読みは「みやこ」。(イ)「列挙」は，次々とならべあげること。「列」を使った熟語はほかに「列車」「列島」など。(ウ)「連」の訓読みは「つら(なる)」「つら(ねる)」「つ(れる)」。音読みは「レン」。熟語は「連携」「連想」など。(エ)「描」を使った熟語はほかに「素描」「点描」など。訓読みは「えが(く)」。(オ)「傾」の訓読みは「かたむ(く)」「かたむ(ける)」。音読みは「ケイ」。熟語は「傾斜」「傾聴」など。(カ)「肩」は，「肩身が狭い」「肩を並べる」などと使われる。音読みは「ケン」。熟語は「肩章」「双肩」など。

問二　「試行錯誤」は，一度失敗しても，また別の方法で，何度も繰り返し，適切な方法と結果を

得ること，という意味なので，ウが適切。

問三　直前に「子どもの頃に複数の言語を使用する環境で育ち」とあり，直後には「深い思考ができなくなってしまう」とあることに着目する。同様のことは，「家では日本語，外では英語を話し，日英のバイリンガル。うらやましいと思うかもしれませんが，母語の習得が十分でないと，もう一方の言語の力も育ちにくく，……ものごとを深く考え抜いたり，抽象的で難解な問題を思考できなくなる場合があります」と言い換えられているので，ここから「母語の習得が十分でない(11文字)」を抜き出す。子供のころから複数の言語を使用する環境で育つと，母語の習得が十分でない場合，深い思考ができなくなってしまうことがある，というのである。

問四　直後で「人間は，言葉を通してものごとを考えます。だから，自分が使う言葉の範囲をこえては思考できないのです」とあり，同様のことは，本文初めに「わからなければ言語化できない」と表現されているので，「(思考が)言語(に支えられている)」とするのが適切。

やや難　問五　「便利な言葉」については，次の段落で「考えないで済む，楽な言葉」と言い換えられている。

やや難　問六　(1)　直前に「考えないで済む，楽な言葉ばかり使っていると」とあり，なぜそれが問題なのかについては，前に「人間は，言葉を通してものごとを考えます。だから，自分が使う言葉の範囲をこえて思考できないのです」とあり，「思考できない」は，「ものごとを深く考え抜いたり，抽象的で難解な問題を思考したりできなくなる」と言い換えられているので，これらを要約して「考えないで済む，楽な言葉ばかり使っていると，ものごとを深く考え抜いたり，抽象的で難解な問題を思考できないから。」などとする。(2)　「武器」については，直後に「自分なりの感じかたを知り，しっくりくる言葉をつかむ」と表現されており，同様のことは本文最後で「自分だけの表現(7字)」と言い換えられている。

問七　「擬態語」は，状態・様子をまねて表す言葉。エの「ザーザー」は，雨が降る音をまねて表した「擬声語(擬音語)」。アは心が躍る様子，イは星が光る様子，ウはよどみなく元気よくしゃべる様子を表す「擬態語」。

問八　直後の「雀の子，二，三歳の幼児，おかっぱ頭の少女」に共通する「様子」が入る。前に示されている「雀の子がネズミのように鳴いてピョンピョン近づいてくる様子」「二，三歳の子どもが急いでハイハイしてくる途中で小さなチリがあるのを目ざとく見つけて愛らしい指でつまんで大人に見せる様子」「おかっぱ頭の子どもが目に髪がかぶっているのを手で払わず，そのすき間から顔をカタムケて物を見ている様子」に共通する「様子」にあてはまるものとしては，「あどけない存在が一生懸命に何かをしようとしている」とするアが適切。

【二】（古文─口語訳，語句の意味，仮名遣い，文脈把握，係り結び，指示語，大意）

〈口語訳〉　博雅三位が，月の明るい夜に，直衣姿で朱雀門前に散歩しに行き，一晩中笛を吹いていたところ，同じように直衣を着た男が，笛を吹いていたので，誰だろうと思っていると，その笛の音は，この世に例がない見事な音色であったので，不思議に思って，近寄って見ると，まだ見たことのない人であった。自分もものを言わず，その人も何も言わない。このようにして，月夜のたびに行き会って，笛を一緒に吹くことが幾晩も続いた。

その人の笛の音は，ことさらにすばらしかったので，試しに笛を取り換えて吹くと，この世のものとは思えないほどの笛である。

その後も，月夜の晩になると，二人は互いに行き会って一緒に笛を吹いたが，「元の笛を返そう」とも言わなかったので，そのまま長くお互いの笛を交換したままになってしまった。博雅の三位が亡くなった後，帝はこの笛を取り寄せて，当時の笛吹きたちに吹かせなさったが，その笛を吹きこなせる人はいなかった。

その後，浄蔵というすばらしい笛吹きがいた。(帝が)呼び寄せて笛を吹かせなさると，あの博雅三位にも劣らないほどだったので，帝は感心なさって，「この笛の持ち主は，朱雀門のあたりで手に入れたと聞いた。浄蔵，そこへ行って笛を吹きなさい」とおっしゃったので，月の夜に，仰せの通りにそこへ行って，この笛を吹くと，その門の楼上で，高く大きな声で，「やはり(その笛は)優れ物だなあ」とほめたのを，帝に報告申し上げたところ，初めて鬼の笛とお知りになられた。

問一　「らむ」は，～だろう，と「推量」を意味するので，「誰なのだろう」とするイが適切。

問二　直前に「この世に例がない見事な音色であったので」とあるので，アの「不思議に思って」が適切。「あやし」には，不思議だ，変だ，不審だ，疑わしいなどの意味がある。

問三　語頭以外の「はひふへほ」は，現代仮名遣いでは「わいうえお」となるので，「ふ」は「う」，「は」は「わ」に直して，(ア)は「いう」，(イ)は「あらわす」となる。

問四　(X)　前に「かの人の笛の音，ことにめでたかりければ，試みに，かれを取り替へて吹きければ」とあることから，博雅三位が，笛を取り替えようと提案して取り替えているとわかる。「かの人」から，元の笛を返そうと言われなかったのでそのままになってしまった，という文脈になるので，主語は「かの人」で，前に「いまだ見ぬ人なりけり」と言い換えられている。(Y)　直後に「帝は感心なさって」とあるので，主語は「帝」。

問五　前に「三位失せてのち」とあることから，帝の元にある笛は「三位」のものであるとわかる。「三位」とは，冒頭の「博雅三位」のこと。

問六　「こそ」は，強意を意味する係助詞で，係助詞がある場合は，「係り結び(の法則)」により，文末は已然形で結ばれる。

問七　直前に「朱雀門の辺りにて」とあるので，「朱雀門」を抜き出す。

問八　直前の「かの門の楼上に，高く大きなる音にて，『なほ逸物かな』とほめける」を指し，「かの門」とは，前出の「朱雀門」を指すので，この内容を要約して，「朱雀門の楼の上から『優れものだ』という声が聞こえてきた(27字)」などとする。

重要 **【三】**　**(資料の読み取り)**

「子どもに最低限不可欠なものは何か？　項目別，一般市民の評価」の内容を照らし合わせると，50％以上の人が「必要である(希望するすべての子どもに絶対に与えられるべきである)」とした項目は，1位の91.8％から，8位の51.2％なので，①は，イの「8(項目)」となる。91.5％の人が答えているのは，「絶対に必要である(絶対に与えられるべきである)」とする「朝ご飯」なので，②にはクの「絶対に必要である」，③はオの「朝ごはん」が入る。④の直後に「遠足や修学旅行などの学校行事への参加」「学校での給食」とあるので，④にはキの「学校関連」が入る。「絵本や子ども用の本」を「絶対に与えられるべきである」と答えた人は51.2％なので，⑤にはエの「51.2」が入る。「医者に行く」という項目で，「望ましいが，家の事情(金銭的など)で与えられなくてもしかたがない」と答えている人は11.2％なので，⑥はアの「1(割以上)」が入る。このような回答に対する感想なので，⑦はセの「驚き(であった)」が適切。「周囲のほとんどの子が持つスポーツ用品やおもちゃ」について，「絶対に与えられるべき」と回答した人は12.4％なので，⑧はウの「12.4」が入る。⑨は，直後の「誕生日のお祝い」「1年に1回くらい遊園地や動物園に行く」「適当なおこづかい(小学生以上)」と回答率が並んでいる項目として，スの「クリスマスのプレゼント」が入る。「お誕生日のお祝い」「遊園地や動物園へ行く」適当なおこづかい」「クリスマスのプレゼント」などの項目について，「与えられなくても仕方がない」と回答した人は52.4％，53.6％，61.5％，52.7％となっているので，⑩はサの「大多数」とするのが適切。

★ワンポイントアドバイス★

現代文，古文ともに，指示内容や言い換え表現をすばやく捉える力をつけよう！
表・グラフ等を正確に読み取り，資料から読み取れる内容を理解する力をつけよう！

2022年度

入　試　問　題

2022年度

中越高等学校入試問題

【数　学】（45分）〈満点：100点〉

1 次の計算をしなさい。

(1)　$-2^2+(-3)^2$　　(2)　$\dfrac{2}{3}-\dfrac{5}{2}\div\dfrac{10}{3}$

(3)　$\dfrac{6}{\sqrt{12}}+\sqrt{27}$　　(4)　$\dfrac{x+5y}{4}-\dfrac{3x-y}{2}$

2 次の各問いに答えなさい。

(1)　連立方程式 $\begin{cases} x+2y=-3 \\ 2x-3y=15 \end{cases}$ を解きなさい。

(2)　$125a^2-45b^2$ を因数分解しなさい。

(3)　yはxに反比例し，$x=3$のとき$y=5$である。yをxの式で表しなさい。

(4)　147にできるだけ小さい自然数をかけて，その積がある数の2乗になるようにしたい。どのような数をかければよいか答えなさい。

(5)　ある数xを2乗して4を引いた数が12になる。xを求めなさい。

(6)　次の図において，$\angle x$と$\angle y$の値を求めなさい。ただし，$l /\!/ m$とする。

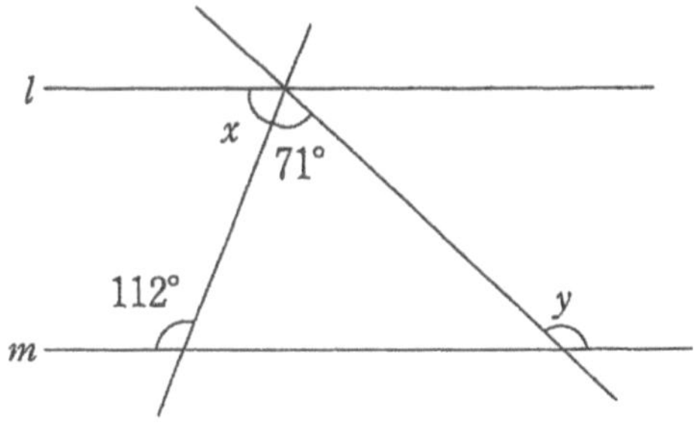

3 下の表は，あるクラスの生徒40人を対象に休日1日の学習時間を調べ，度数分布表にまとめたものである。これを見て，次の問いに答えなさい。

階級(分)	階級値	度数	相対度数
以上　未満			
0 ～60	30	(ア)	0.2
60 ～120	90	13	0.325
120 ～180	(イ)	11	0.275
180 ～240	210	6	(ウ)
240 ～300	270	2	0.05
合計		40	1.000

(1)　表の(ア)～(ウ)に当てはまる数を求めなさい。

(2)　表から学習時間の最頻値，平均値をそれぞれ求めなさい。

(3)　以下のA，B 2人の発言は，表から必ずいえることであるか。○か×で答えなさい。

　A　「学習時間が0分の生徒はいないね。」

　B　「中央値は60分以上120分未満の階級に入っているわ。」

4　袋の中に整数1，2，3，4，5が書かれた玉が1個ずつ，合計5個入っている。この袋の中から玉を1個取り出し，書かれている数を確かめた後，玉を袋に戻す。この操作を2回行い，1回目に取り出したときの玉に書かれている数をx，2回目に取り出したときの玉に書かれている数をyとする。このとき，次の問いに答えなさい。

(1)　玉の取り出し方は全部で何通りあるか答えなさい。

(2)　$x=y$となる確率を求めなさい。

(3)　$x<y$となる確率を求めなさい。

5　xy平面上に，直線l：$y=2x$と2次関数$y=x^2$のグラフCがあり，lとCの交点をAとする。また，直線lと傾きが等しく，y軸と点(0，4)で交わる直線をmとする。このとき，次の問いに答えなさい。

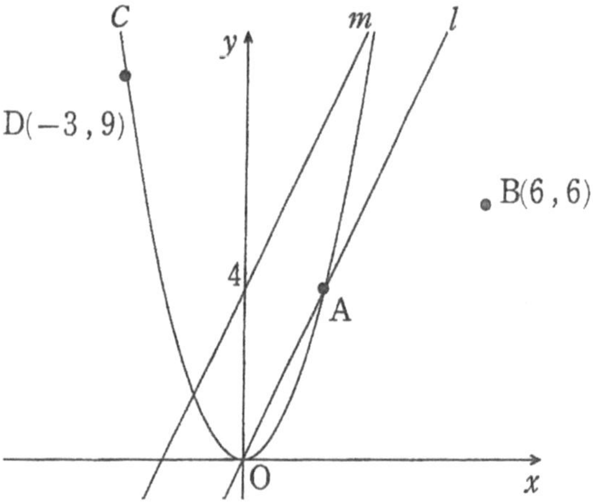

(1)　直線mの式を求めなさい。

(2)　この平面上に2点B(6，6)，D(−3，9)をとる。2点B，Dを通る直線の式を求めなさい。

(3)　三角形OBDの面積を求めなさい。

(4)　(2)で求めた直線と直線mの交点をEとする。三角形OAEの面積を求めなさい。

【英　語】（45分）〈満点：100点〉

［1］ 以下は“hand washing”に関する記事と，それに対する生徒のコメントである。英文を読み各問に答えなさい。＊印のついている語句には(注)があります。

The *coronavirus has become a very big problem around the world. (　①　) this, hand washing with soap has become very important. Parents, teachers and leaders are telling everyone to wash their hands many times a day. Many famous people have made songs and videos about hand washing.

Hand washing is important, (　②　) it is not easy for some people in the world. “Hand washing with soap is one of the cheapest and most effective things you can do,” said a *director at *UNICEF. “It can protect you and others against the coronavirus and other *diseases. However, ③there are many people in the world who cannot do this.”

UNICEF says that 40 percent of the people in the world, or 3 *billion, do not have a hand washing place with soap and water at home. Also, 47 percent of schools do not have water for washing hands, and 16 percent of healthcare centers do not have clean water for *patients to wash their hands. Many people in developing countries are getting sick because they cannot use water to wash their hands.

Today most people know that hand washing is very important. But (　④　) countries need help from (　⑤　) countries. Japan and other countries should give help *so that [　　　　⑥　　　　].

Yusuke

When I read the article, I got not only shocked but also interested in the water problem. So I started to find more information about this, and I learned that there are programs called *SDGs. One of the goals is to *supply safe water to people all over the world. To *achieve this goal, I think there are a lot of things that people living in developed countries can do. First, we can *donate money to UNICEF. UNICEF is trying to collect donations to solve this problem. Secondly, we can *spread the information about this problem by using our SNS. If more people know about the problem, more people can take action.

I could learn a lot by researching this problem. It is very important for us to learn what is happening in the world. I want to keep studying about this and I will tell more people through my SNS.

(注) coronavirus：コロナウイルス　director：担当者
UNICEF：ユニセフ(国際連合児童基金，国連機関)　disease (s)：病気　billion：10億
patient(s)：患者　so that ～：～のために
SDGs：Sustainable Development Goalsの略(持続可能な社会を実現するための目標)
supply：～を供給する　achieve：～を達成する
donate：～を寄付する　spread：～を広める

(1) 空所①と②に入る最も適切なものを選択肢の中から選び，符号で答えなさい。ただし，文頭に来るものも小文字で書いてあります。

ア or　　イ because of　　ウ but　　エ by
オ for example　　カ so　　キ to　　ク when

(2) 下線部③に関して，do thisの内容を明らかにし，日本語に直しなさい。

(3) 空所④と⑤に入る語をそれぞれ1語，英文中から抜き出し答えなさい。

(4) ⑥ に入るのに最も適切な文を選択肢の中から選び，符号で答えなさい。

ア people around the world can buy enough soap
イ people around the world can get enough information about UNICEF
ウ people around the world can learn the importance of hand washing
エ people around the world can wash their hands

(5) 本文の内容に合うものにはTを，合わないものにはFを書きなさい。

1) More than 50 percent of the people in the world can wash their hands at home with soap and water.
2) Yusuke became interested in the water problem, but he was not shocked when he read the article.
3) UNICEF would like to solve the water problem.
4) Yusuke thinks that SNS is a good way to tell people about the problem.

(6) 以下の問いに3語以上の英語で答えなさい。

1) *According to Yusuke, what is important?　(注) According to ～：～によると
2) Have you ever heard about ‘SDGs’?

［2］ 次の各組で，下線部の発音が異なるものを1つ選び，符号で答えなさい。

(1) ア. reason　イ. east　ウ. people　エ. easy　オ. ready
(2) ア. early　イ. heard　ウ. earth　エ. heart　オ. learn
(3) ア. face　イ. make　ウ. said　エ. take　オ. name
(4) ア. break　イ. head　ウ. many　エ. tennis　オ. rest
(5) ア. throw　イ. math　ウ. together　エ. thirsty　オ. everything

［3］ 次の各文の(　　)内から最も適切なものを1つ選び，符号で答えなさい。

(1) I (①　ア. see　イ. saw　ウ. will see　エ. have seen) him a week ago. But I (②　ア. don't see　イ. didn't see　ウ. won't see　エ. haven't seen) him since then.

(2) Let's go on a picnic if it stops (ア. rain　イ. rains　ウ. raining　エ. to rain).

(3) Which is (ア. much　イ. more　ウ. better　エ. most) popular in your country, basketball or baseball?

(4) How many students (ア. invite　イ. invited　ウ. was invited　エ. were invited) to his birthday party?

(5) Don't touch the (ア. breaking　イ. broken　ウ. break　エ. breaks) window.

(6) If I (ア. am　イ. be　ウ. were　エ. will be) a doctor, I could help a lot of people.

［４］ 次の①～⑧の空欄に当てはまる最も適切な文を下から１つ選び，符号で答えなさい。

(1) A：The movie is going to start soon. We must go now.
B：I know, but I want to buy a hot drink. So, go ahead. (　①　)
A：OK.

ア．We went to the movie theater.　イ．The movie started ten minutes ago.
ウ．I will join you soon.　エ．We are watching now.

(2) A：Excuse me. Is there a post office near here?
B：Yes. There is one over there.
A：(　②　)
B：Go down this street, and you will find it on the left.

ア．How long will it take?　イ．How can I get there?
ウ．How about the post office?　エ．How many post offices are there around here?

(3) A：There are a lot of pictures in this room.
B：My classmates took these pictures.
A：Look! This is a nice picture. There are beautiful mountains in it. (　③　)
B：Maybe Mary did. She likes to climb mountains.

ア．Who took the picture?　イ．When was it taken?
ウ．Do you like mountains?　エ．What is it like?

(4) A：Did you see my textbook?
B：No, I didn't. (　④　)
A：Yes, I can't find it in my room.

ア．Are you ready?　イ．Have you lost it?
ウ．May I use it?　エ．How are you today?

(5) A：Hello. This is Tom. May I speak to Hina, please?
B：She is out now. Do you want to leave a message?
A：No, thank you. (　⑤　)
B：OK. I'll just tell her you called when she comes home.

ア．I will take a message.　イ．It's a wrong number.
ウ．I'm not Hina.　エ．I will call her back later.

(6) A：How was your *volunteer experience at the library?
B：It was great. I learned many things. (　⑥　)
A：Really? Were you all right?
B：Yes. People in the library were very kind to me. They helped me a lot.

*volunteer：ボランティア，奉仕活動

ア．But the library was very quiet.	イ．But I was interested in it.
ウ．But the work was very hard.	エ．But I couldn't talk with my friends.

(7) A：Do you cook?

B：Yes. I like cooking Japanese food. I cook on weekends.

A：Could you show me how to cook Japanese food?

B：（ ⑦ ）

ア．I'm sorry. I don't cook on Mondays.	イ．I'm sorry. I don't have lunch.
ウ．Sure. How about Chinese food?	エ．Sure. How about next Sunday?

(8) A：It's so hot today. Let's have something to drink.

B：Sure. I know of a good shop. It's famous for its fruit juice.

A：Really? How long does it take to get there from here by bike?

B：（ ⑧ ）

ア．Saturday afternoon.	イ．Nine o'clock in the morning.
ウ．Only a few minutes.	エ．Four days a week.

［5］（1）～（5）の上下の文が，それぞれ同じ意味の文になるように英単語を書きなさい。ただし，与えられた1文字目に続けて書くこと。

(1) My friend wrote a letter to me in English.

I got a letter (w _ _ _ _ _ _) in English from my friend.

(2) My older sister has a little girl. Her name is Miki.

Miki is my sister's (d _ _ _ _ _ _ _).

(3) You should keep the window closed because it will snow.

You must not keep the window (o _ _ _) because it will snow.

(4) How about playing cards?

(S _ _ _ _) we play cards?

(5) We don't know anything about it.

We know (n _ _ _ _ _ _) about it.

［6］ 次の英文は，Yuriから友人のLucyにあてたメールです。これを読んで，質問に答えなさい。

January 10th, 2022

Dear Lucy,

Thank you for your e-mail. Reading it was fun. In your message you asked me two questions, so I'll answer them.

First, I'll tell you about my favorite season. I like this season the best because there are a lot of flowers. The Japanese school year begins in this season. I was surprised to hear that your school year begins in September. Is that a good time to visit your country?

Next, about national colors. I didn't know that a lot of countries have their own colors. I like the national colors of your country. They are nice colors. I don't think we have national colors here in Japan, but I think blue is the best for our country. Do you want to know (　　)? I'll tell you. Japan has beautiful seas. Also, watch our national soccer players on TV! They wear blue uniforms.

Your friend,
Yuri

(1) Yuriの好きな季節はいつか。次から選び，符号で答えなさい。

ア．winter　　イ．spring　　ウ．summer　　エ．fall

(2) 本文中の(　　)に入る最も適切なものを1つ選び，符号で答えなさい。

ア．where　　イ．when　　ウ．how　　エ．why

(3) Yuriがこのメールを作成した目的として最も適切なものを次から選び，符号で答えなさい。

ア．Because she wanted to introduce herself to Lucy.
イ．Because she wanted to say "Hello." to Lucy.
ウ．Because she wanted to answer the questions from Lucy.
エ．Because she wanted to go to the soccer game with Lucy.

［7］ 次の(1)～(5)の日本語の意味を表す英文になるように(　　)内の語(句)を並べ替え，［1］，［2］に入る語(句)の符号を順に答えなさい。ただし，文頭に来るものも小文字で書いてあります。

(1) あなたたちはどこで彼女を待っていましたか。

____ ［1］ ____ ____ ［2］ ____?

(ア．waiting　イ．were　ウ．where　エ．for　オ．you　カ．her)

(2) 先生は私たちに一生懸命勉強するように言います。

____ ［1］ ____ ____ ［2］ ____.

(ア．hard　イ．our teacher　ウ．study　エ．tells　オ．to　カ．us)

(3) このテーブルを作った少女はこの町に住んでいる。

_____ [1] _____ _____ [2] _____ _____.

(ア. in　イ. lives　ウ. made　エ. the girl　オ. this table　カ. this town　キ. who)

(4) あなたはなぜKateが怒っているか知っていますか。

_____ [1] _____ _____ [2] _____ _____?

(ア. angry　イ. do　ウ. is　エ. know　オ. Kate　カ. why　キ. you)

(5) 踊るのが得意だったら良かったのに。

_____ [1] _____ _____ [2] _____.

(ア. at dancing　イ. good　ウ. I　エ. I　オ. were　カ. wish)

［8］ メモに書かれた内容と同じ内容になるように，(1)～(7)に英単語を書きなさい。

・Lindaは中学生で，学校で多くの科目を勉強しているが，音楽が1番好き。 ・LindaにはJackという名の弟がいて，よく2人で公園へ行く。 ・公園へ向かう途中で，2人で一緒に歌を歌うが，Lindaの声は美しい。 ・よく2人は公園で楽しく過ごす。

Linda is a (1) high school student. She (2) many (3) at school and she (4) (5) the best of all.

She has a little brother and his name is Jack. They often go to the park. On their way to the park they (6) songs together. Linda has a beautiful (7). They often have a very good time in the park.

選択肢

（ア）使い捨て製品	（イ）インターネット
（ウ）6割	（エ）2割
（オ）家庭ごみの分別	（カ）小型電子機器
（キ）食品容器	（ク）食品を捨てない
（ケ）チラシ	（コ）マイボトル

問三　次の行為を、「発生抑制」・「再使用」・「再生利用」にそれぞれ分類して、記号で答えなさい。

（ア）スキー用品をレンタルする。

（イ）古紙百パーセントを使ったメモ用紙などの文房具を購入する。

（ウ）外食の時に食べきれるかどうか考えて注文する。

（エ）使わなくなった布製品を雑巾にする。

（オ）読まなくなった本を古本屋に持っていく。

（カ）新聞紙、段ボール、菓子箱などを資源ごみに出す。

3Rに関する主要な具体的行動例の変化

	2013年度	2014年度	2015年度	2016年度	2017年度	2018年度	2019年度
発生抑制（　a　）							
レジ袋をもらわないようにしたり（買い物袋を持参する）、簡易包装を店に求めている	65.7%	66.1%	64.4%	65.9%	61.4%	62.2%	64.5%
詰め替え製品をよく使う	67.0%	69.4%	67.1%	65.9%	67.7%	66.8%	67.0%
使い捨て製品を買わない	19.2%	20.7%	20.5%	19.9%	18.8%	17.5%	16.4%
無駄な製品をできるだけ買わないよう、レンタル・リースの製品を使うようにしている	13.3%	14.6%	12.9%	13.5%	10.9%	10.9%	13.8%
簡易包装に取り組んでいたり、使い捨て食器類（割り箸等）を使用していない店を選ぶ	11.2%	9.7%	13.4%	10.3%	9.6%	8.1%	9.5%
買い過ぎ、作り過ぎをせず、生ごみを少なくするなどの料理法（エコクッキング）の実践や消費期限切れ等の食品を出さないなど、食品を捨てないようにしている	30.0%	32.1%	32.6%	31.6%	31.8%	30.2%	32.3%
マイ箸を携帯している	6.7%	6.3%	7.3%	6.1%	5.7%	6.8%	－
マイ箸、マイボトルなどの繰り返し利用可能な食器類を携行している	－	－	－	－	－	－	22.6%
ペットボトル等の使い捨て型飲料容器や、使い捨て食器類を使わないようにしている	16.8%	16.0%	16.0%	15.9%	13.7%	16.3%	14.6%
再使用（　b　）							
不用品を、中古品を扱う店やバザーやフリーマーケット、インターネットオークション等を利用して売っている	22.4%	25.2%	24.6%	20.2%	21.4%	23.9%	－
インターネットオークションに出品したり、落札したりするようにしている	－	－	－	－	－	－	16.3%
中古品を扱う店やバザーやフリーマーケットで売買するようにしている	－	－	－	－	－	－	20.0%
ビールや牛乳の瓶など再使用可能な容器を使った製品を買う	11.8%	10.8%	12.1%	11.1%	8.1%	10.8%	9.2%
再生利用（　c　）							
家庭で出たごみはきちんと種類ごとに分別して、定められた場所に出している	84.0%	82.0%	80.4%	80.2%	81.2%	79.7%	81.3%
リサイクルしやすいように、資源ごみとして回収される瓶等は洗っている	64.1%	66.4%	63.4%	63.9%	62.2%	60.3%	64.8%
トレイや牛乳パック等の店頭回収に協力している	42.2%	43.9%	42.9%	39.5%	41.6%	39.5%	37.1%
携帯電話等の小型電子機器の店頭回収に協力している	21.7%	22.6%	20.8%	18.9%	18.6%	22.4%	18.9%
再生原料で作られたリサイクル製品を積極的に購入している	11.4%	12.7%	11.1%	11.1%	10.3%	10.5%	9.7%

資料：環境省（2013年度～2019年度）、内閣府「環境問題に関する世論調査（平成24年調査）」（2012年度）

問一　――線部（ア）「いふ」・（イ）「おびえまどひて」を現代かなづかいに直し、ひらがなで答えなさい。

問二　――線部①「いと」の意味を答えなさい。

問三　――線部②「端に出でたる」について、ここで「命婦のおとど」は何をしていたのか。本文中から八字で抜き出して答えなさい。

問四　――線部③「きかで（聞かないで）」について、どのような指示に従わなかったのか。その指示を本文中から五字で抜き出して答えなさい。

問五　――線部④「おどすとて（こわがらせようとして）」について、

Ⅰ　（一）誰が、（二）誰をこわがらせようとしたのか。それぞれ次の中から選び、記号で答えなさい。

ア　命婦のおとど　　イ　乳母の馬の命婦

ウ　翁丸　　エ　作者

Ⅱ　なぜ、こわがらせようとしたのか。その理由を具体的に述べなさい。

問六　――線部⑤「しれもの」とは誰のことか。本文中から抜き出して答えなさい。

問七　『枕草子』の（一）作者名・（二）ジャンルを、それぞれ次の中から選び、記号で答えなさい。

（一）　ア　紫式部　　イ　清少納言

ウ　兼好法師　　エ　鴨長明

（二）　ア　随筆　　イ　日記

ウ　物語　　エ　説話

【三】　下の表は、「3Rに関する主要な具体的行動例の変化」についての表である。後の問いに答えなさい。

問一　表の空欄（a）・（b）・（c）に入る適当な言葉を、次の中から選び、それぞれ記号で答えなさい。

（ア）リサイクル	（イ）リデュース	（ウ）リユース

問二　表を見ながら、Aさん・Bさん・Cさんが三人で会話している。空欄（1）～（8）に入る適当な言葉を、後の選択肢から選び、それぞれ記号で答えなさい。

Aさん　表全体を見ると最も実践しているのは（　1　）ということが分かるね。

Bさん　レジ袋をもらわないようにしたり、詰め替え用品を買ったり、資源ごみを出す時は洗ったりするなどは（　2　）以上の人が実践しているよ。

Cさん　マイ箸は面倒なこともあるからか、実践している人が少なかったけれど、（　3　）も加えた調査では（　4　）以上の人が実践しているね。

Aさん　現代の私たちの生活では（　5　）を買わない、使わないというのは難しいのかもしれない。

Bさん　店頭回収は、（　6　）に比べて（　7　）は2倍程度多く実践しているね。

Cさん　洋服などは着られなくなると不用品になるけれど、（　8　）を使うことで、フリーマーケットやオークションがやりやすくなりそうだね。

ウ　彼らの後輩となったつもりで学んだり、彼らの良さに気づいたりする方がいい

エ　彼らの友人となって励ましたり、話を聞いてやったりする方がいい

問四　――線部①「もう一つの心情」にあてはまる言葉を、本文中から一二字で抜き出しなさい。

問五　――線部②「一番身近のものに激しい反抗を表現し」とあるが、その理由はなぜか。本文中の「自分を投射」という語句を用いて五〇字以内で説明しなさい。

問六　――線部③「距離をもつ者」にあたる人物を、次の中から一つ選び、記号で答えなさい。

ア　父　　イ　母　　ウ　先生　　エ　友人

問七　――線部④「悪い助人」とは、どのような「助人」か。本文中の語句を用いて説明しなさい。

問八　――線部⑤「手段」とは、具体的にどのようなことか。本文中から四字で抜き出しなさい。

問九　――線部⑥「頬熱し」とは、どのような状態を表したものか。説明しなさい。

問十　――線部⑦「自分同士の新しい格闘を行わせている」とあるが、それはどのような「格闘」か。最も適当なものを次の中から一つ選び、記号で答えなさい。

ア　心の中にある様々な感情を自分自身で葛藤しながら整理して成長するための「格闘」。

イ　心の中にある様々な感情を他人の意見を参考にしてひとまとめにするための「格闘」。

ウ　心の中にある親や先生といった大人に対して持っている劣等感を抑えるための「格闘」。

エ　心の中にある他者への憧れを捨て、自分自身の魅力を発見するための「格闘」。

【二】　次の文章を読んで、後の問いに答えなさい。

うへにさぶらふ《天皇に飼われ侍っている》御猫《おほんねこ》は、かうぶり得て《五位の位をいただいて》、「命婦《みやうぶ》のおとど」とて《と呼んで、》、①いとをかしければ、かしづかせたまふが《かわいらしいので、大事にして育てていらっしゃったが、》、②端《はし》に出でたるを、乳母《めのと》の馬《むま》の命婦、「あな、まさなや《まあ、いけませんね。》。入りたまへ」と呼ぶに③きかで、日のさしあたりたるに、うち眠《ねぶ》りてゐたるを、④おどすとて、「翁丸《おきなまろ》、いづら《どこにいるの。》。命婦のおとど食へ」と(ア)いふに、まことかとて《ほんとうかと思って、》、⑤しれものは走りかかりたれば、(イ)おびえまどひて、御簾《みす》の内に入りぬ。

（『枕草子』）

命婦のおとど……猫につけられた愛称
端……縁側
乳母の馬の命婦……猫の世話役である女官
翁丸……当時宮中で飼われていた犬の名
しれもの……愚か者
御簾……貴人のいる部屋のすだれ

人見えぬ雨の公園はかなしくてだましてみろと狐をにらむ　M

といったような歌がうまれてくるのではないか、などとも思えるのである。

つまり、彼らの胸中の原野は、それが森林を育てるのか、花を(カ)培い咲かせるのか、飛行場を設けようとしているのかはわからないけれど、何かを出現させるものであることは確かであり、ただ、その原野の開拓地に、彼らはいま開拓者の格闘をさせているのであって、周囲はその格闘に④悪い助人を与えない方がいい。彼らは無意識の中にも、自分の中に、二つの人間性（自我、非自我）を感じ、それを闘わせているのだと思う。だから、周辺が助人になる気持があるなら、良い助人になってやる方がいい。よい助人とは、彼らが自分の胸中にそういう格闘を行わせている、という健気さをみとめてやって、一緒に闘ってやるという立場、つまり（　B　）と思う。勉強をしないとか、わがままだとか反抗をするとか、そういうふうにうろたえたり、かさにかかったりの説諭や教訓などをよした方がいい、とわたしは思う。

ただ、こうした短歌などの自己表現をもてる青少年は、まだ安心していてもいい側なのであって、そうした⑤手段をもてないで孤独になり孤立してゆく環境に置かれる青少年に対してこそ、周囲は心をくばるべきなのではあるまいか。わたしの友人の、ある若い母親歌人がこういう歌をうたった。

結束の止むなき手段非行なども許さむ思ひにあはれ⑥頬熱し　五味　君江

「結束」とはわかってくれるもの、かかり合うもの達の注2紐帯《ちゅうたい》といったほどの意であろうか。孤独となり孤立してゆく彼らをだれもみてやらないなら、彼らは「止むなき手段」をとるだろう。わかり合う友を求めて非行グループに入るかも知れないが、それを許してやりたいと思えるほどに可哀想だという歌意だと思う。考えさせる歌である。しかし本当は、こういう歌のない方、詠まれないですむ状態の方がもっと必要だと思う。

彼らは自分の人格が形成されてゆく端緒で、⑦自分同士の新しい格闘を行わせているのである。

「いい血です」と検査のひとに告げられき採血時となり誇りふくらむ　M

何ひとつ動くものなき暁の大地にしかとわが身を感ず　M

などという自励の歌もあるのである。

（宮　柊二『短歌に見る人生』）

注1　慰藉……慰めいたわること
注2　紐帯……二つのものを結びつける役割をなしているもの

問一　――線部（ア）～（カ）の漢字はひらがなに、カタカナは漢字に直しなさい。

問二　（　A　）に入る言葉を、本文中から五字で抜き出しなさい。

問三　（　B　）に入る言葉として適当なものを、次の中から一つ選び、記号で答えなさい。

ア　彼らの親として威厳を保ち、厳しく接してやった方がいい
イ　彼らの先生となって教育したり、進路を示してやったりする方がいい

【国語】（四五分）〈満点：一〇〇点〉

【一】 次の文章を読んで、後の問いに答えなさい。

高校生の短歌を選びながら、いつも決って感じることがある。彼らの胸中には、一つの茫漠《ぼうばく》とした原野がある。その原野で、いま格闘が始っているのだ、というふうに。

なんとなく母に退学するといいて収まらぬ胸を落ち着けてみる　M

先生に問い詰められて黙まってる机の下の光目に沁《し》む　W

(ア)集いより自己嫌悪して帰りくる横断歩道のラインは白し　M

いじ悪く答えしあとは寂しさと不思議にまじり満足来たりぬ　W

これらは高校二年生の作った短歌で、Mは男子学生の作者、Wは女子学生の作者を示してみたのである。これらにみられる反抗と孤独、自己嫌悪と自己[注1]慰藉《いしゃ》などは、この年齢時の青少年における心情の一つの型を示しているように思える。とともに、じつは①もう一つの心情のうらがえしの表白にも思えるのである。

ありがとうといえぬわが身のさびしさよ仕事につかれ青ざめた父に　M

「遠き故気をつけよ」と言う師の声よ夜の校庭にペダル踏み出す　W

体育部に入りてきたえるわが身体夜はにおい立つ一人のへやに　M

喜びを何にたとえようわが心友ができたと叫びたくなる　W

こういう歌は感謝、親しさ、満足、喜びを(イ)ハイゴにしている。これらは前出の歌と反対の側の心情表白のように思える。しかし、本当はそうではない。一つのものなのである。一つのものを、対立者に仕立てて闘わせている。そういうふうに思える。ただこれらの歌のあらわれから注意してよいのは、まず父とか母を、それから先生へ、その次には友人へと、つまり②一番身近のものに激しい反抗を表現し、また素直にはいえず、それが③距離をもつ者にうつるに従ってゆるやかに、客観的に、正直になっていっている。このことは、身近の者ほどに、彼らは自分を投射して見やすいのであって、いわばわかりすぎる自分に失望して反逆し、自分より遠いもの、すなわち、わからない自分に(ウ)憧れを抱くという現象なのではなかろうか。だから、父母が好きであればあるほど、その中に自分を濃く写し、あきたらないところがあればそれを嫌悪するという心情や表現をとるのではなかろうか。

こうした心情に対して、逆に好きであればあるほど、それを正直にいうことに気恥ずかしさを抱くのではないか。身近のものが、彼らとは違っているという立場から、また正しい、年長者だという気分から、彼らのものではない経験や知識を用いて説諭や教訓を与えると、彼らはその人たちを自分に身近いものと考えていた心情が急に冷えてくる。何か戸惑いに似た(エ)イワカンを抱くのではなかろうか。反発や反抗さえ示さなくてもいい冷たい人間に見えてくるのではなかろうか。そうした（　A　）が権威的であり、合理的であり、身近いものからであればあるほど、彼らは圧迫と(オ)コウソクを感じて自分を閉じてゆくのではなかろうか。そうしたところからたとえば、

自己卑下《ひげ》の劣等意識に陥《おちい》りてだれにともなき怒りをば持つ　W

さまざまの人がわれをばとりまきて批判していつ昨夜《ゆうべ》の夢は　M

MEMO

大切なことはメモしておこうネ！

2022年度

解　答　と　解　説

《2022年度の配点は解答欄に掲載してあります。》

＜数学解答＞

1　(1)　5　　(2)　$-\frac{1}{12}$　　(3)　$4\sqrt{3}$　　(4)　$\frac{-5x+7y}{4}$

2　(1)　$x=3$，$y=-3$　　(2)　$5(5a+3b)(5a-3b)$　　(3)　$y=\frac{15}{x}$　　(4)　3

(5)　$x=\pm4$　　(6)　$\angle x=68^\circ$，$\angle y=139^\circ$

3　(1)　(ア)　8　　(イ)　150　　(ウ)　0.15　　(2)　最頻値　90分　　平均値　121.5分

(3)　A：×　　B：○

4　(1)　25通り　　(2)　$\frac{1}{5}$　　(3)　$\frac{2}{5}$

5　(1)　$y=2x+4$　　(2)　$y=-\frac{1}{3}x+8$　　(3)　36　　(4)　4

○推定配点○

1　各4点×4　　2　各4点×7　　3　各3点×7　　4　各5点×3　　5　各5点×4

計100点

＜数学解説＞

基本　1　(数・式の計算，平方根の計算)

(1)　$-2^2+(-3)^2=-4+9=5$

(2)　$\frac{2}{3}-\frac{5}{2}\div\frac{10}{3}=\frac{2}{3}-\frac{5}{2}\times\frac{3}{10}=\frac{2}{3}-\frac{3}{4}=\frac{8}{12}-\frac{9}{12}=-\frac{1}{12}$

(3)　$\frac{6}{\sqrt{12}}+\sqrt{27}=\frac{6}{2\sqrt{3}}+3\sqrt{3}=\frac{3}{\sqrt{3}}+3\sqrt{3}=\frac{3\sqrt{3}}{3}+3\sqrt{3}=\sqrt{3}+3\sqrt{3}=4\sqrt{3}$

(4)　$\frac{x+5y}{4}-\frac{3x-y}{2}=\frac{x+5y-2(3x-y)}{4}=\frac{x+5y-6x+2y}{4}=\frac{-5x+7y}{4}$

基本　2　(連立方程式，因数分解，比例関数，平方数，2次方程式，角度)

(1)　$x+2y=-3$…①　　$2x-3y=15$…②　　①×2－②から，$7y=-21$　　$y=-3$　　これを①に代入して，$x+2\times(-3)=-3$　　$x=-3+6=3$

(2)　$125a^2-45b^2=5(25a^2-9b^2)=5(5a+3b)(5a-3b)$

(3)　$y=\frac{a}{x}$に$x=3$，$y=5$を代入して，$5=\frac{a}{3}$　　$a=5\times3=15$　　よって，$y=\frac{15}{x}$

(4)　$147=3\times7^2$から，3をかけると$(3\times7)^2$となる。

(5)　$x^2-4=12$　　$x^2=16$　　$x=\pm4$

(6)　$\angle x=180^\circ-112^\circ=68^\circ$　　$\angle y=68^\circ+71^\circ=139^\circ$

3　(統計－度数分布表，最頻値，平均値，中央値)

基本　(1)　(ア)は，$40-(13+11+6+2)=8$　　(イ)は，$\frac{120+180}{2}=150$　　(ウ)は，$\frac{6}{40}=0.15$

(2)　最頻値は，度数が一番大きい階級の階級値だから，90分。

平均値は，$\dfrac{30\times8+90\times13+150\times11+210\times6+270\times2}{40}=\dfrac{4860}{40}=121.5$(分)

(3)　A：階級が0以上60未満に学習時間が0分の生徒がいるかもしれないので×　B：中央値は学習時間が少ない方から20番目と21番目の平均になる。$8+13=21$から，中央値は60分以上120分未満の階級に入っているといえるので○

4　(場合の数と確率)

基本　(1)　$5\times5=25$(通り)

(2)　$x=y$となる場合は，$(x,\ y)=(1,\ 1)$，$(2,\ 2)$，$(3,\ 3)$，$(4,\ 4)$，$(5,\ 5)$の5通り。　よって，求める確率は，$\dfrac{5}{25}=\dfrac{1}{5}$

(3)　$x<y$となる場合は，$(x,\ y)=(1,\ 2)$，$(1,\ 3)$，$(1,\ 4)$，$(1,\ 5)$，$(2,\ 3)$，$(2,\ 4)$，$(2,\ 5)$，$(3,\ 4)$，$(3,\ 5)$，$(4,\ 5)$の10通り。　よって，求める確率は，$\dfrac{10}{25}=\dfrac{2}{5}$

5　(図形と関数・グラフの融合問題)

基本　(1)　直線mの傾きは2，切片は4だから，$y=2x+4$

(2)　直線BDの傾きは，$\dfrac{6-9}{6-(-3)}=\dfrac{-3}{9}=-\dfrac{1}{3}$　直線BDの式を$y=-\dfrac{1}{3}x+b$として点Bの座標を代入すると，$6=-\dfrac{1}{3}\times6+b$　$b=6+2=8$　よって，直線BDの式は，$y=-\dfrac{1}{3}x+8$

(3)　直線BDとy軸との交点をPとすると，P(0，8)　$\triangle OBD=\triangle OBP+\triangle ODP=\dfrac{1}{2}\times8\times6+\dfrac{1}{2}\times8\times3=24+12=36$

重要　(4)　$y=x^2$…①　$y=2x$…②　①と②からyを消去すると，$x^2=2x$　$x^2-2x=0$　$x(x-2)=0$　$x\neq0$から，点Aのx座標は2　直線mとy軸との交点をQとすると，Q(0，4)　$\ell /\!/ m$から，$\triangle OAE=\triangle OAQ=\dfrac{1}{2}\times4\times2=4$

★ワンポイントアドバイス★

4(3)は，$x<y$となる場合の数は，$y<x$となる場合の数と同じなので，$\dfrac{25-5}{2}=10$から，10通りあると求めることもできる。

＜英語解答＞

[1] (1) ① イ　② ウ　(2) 世界には石けんで手を洗うことのできない人がたくさんいます。　(3) ④ developing　⑤ developed　(4) エ
(5) 1) T　2) F　3) T　4) T　(6) 1) 例) To learn what is happening in the world is.　2) 例) Yes, I have.／No, I haven't.

[2] (1) オ　(2) エ　(3) ウ　(4) ア　(5) ウ

[3] (1) ① イ　(1) ② エ　(2) ウ　(3) イ　(4) エ　(5) イ
(6) ウ

[4] (1) ウ　(2) イ　(3) ア　(4) イ　(5) エ　(6) ウ　(7) エ
(8) ウ

[5] (1) written　(2) daughter　(3) open　(4) Shall　(5) nothing

[6] (1) イ　(2) エ　(3) ウ

[7] (1) イ・エ　(2) エ・ウ　(3) キ・イ　(4) キ・オ　(5) カ・イ

[8] (1) junior　(2) studies [learns]　(3) subjects　(4) likes [loves]
(5) music　(6) sing　(7) voice

○推定配点○
[1] (2) 3点　他 各2点×11　[2] 各1点×5　[3] 各2点×7　[4] 各2点×8
[5] 各2点×5　[6] 各2点×3　[7] 各2点×5　[8] 各2点×7　計100点

＜英語解説＞

[1] （長文読解問題・エッセイ・手紙：語句補充・選択・記述，英文和訳・記述，要旨把握，現在完了，接続詞，関係代名詞，助動詞，進行形，分詞，比較，受動態，不定詞，前置詞，動名詞，間接疑問文）

（全訳） コロナウイルスは世界中でとても大きな問題になっている。これ①イゆえに，石けんで手を洗うことは，非常に重要なことになっている。親，教師，指導者は，1日に何度も手を洗うようにみんなに告げている。多くの有名人が手を洗うことに関する歌やビデオを作っている。

手洗いは重要である②ウが，世界のある人たちにとっては，そのことはたやすいことではない。ユニセフの担当者は，「石けんでの手洗いは，あなたができる最も安価で，最も効果的なことのひとつである」と述べた。「それはあなたと他者をコロナウイルスや他の病気から守ってくれる。しかしながら，③このことができない人々が世界中に多く存在している」

ユニセフによると，世界の人々の40パーセント，あるいは，30億人が，家庭に石けんと水が備わった手洗い場を有していない。また，47パーセントの学校が手洗いの水がなく，16パーセントの保健所には，患者が手を洗うためのきれいな水がない。手を洗うために水が使えないので，発展途上国の多くの人々が病気になっている。

今日では，ほとんどの人々が手洗いはとても重要であるということを知っている。しかし，④発展途上国は⑤先進国からの手助けが必要である。⑥エ世界中の人々が手を洗うことができるように，日本や他の国々は援助を与えるべきである。

ユースケ

私がこの記事を読んだとき，ショックを受けたばかりでなくて，水問題に興味をもちました。そこで，このことについてもっと多くの情報を集め始めて，SDGsと呼ばれるプログラムがあることを知りました。そのゴールの1つは，世界中の人々に安全な水を供給することです。このことを達成するために，先進国に住んでいる人々ができることが多く存在している，と私は考えています。

まず，ユニセフにお金を寄付することができます。ユニセフはこの問題を解決するために，寄付を集めようとしています。次に，私たちのSNSを用いて，私たちはこの問題に関する情報を広めることができます。この問題についてより多くの人々が知れば，もっと多くの人々が行動を起こすことが可能となります。

この問題を調べることで，私は多くのことを学ぶことができました。世の中で何が起きているかを私たちが知ることは，非常に重要です。このことについて学び続け，SNSを通じてより多くの人々に伝えたいと思います。

重要 (1)　①「コロナウイルスは世界中でとても大きな問題になっている。これ（　①　），石けんで手を洗うことは，非常に重要なことになっている」正解は，イ because of「～のために，がゆえに」。has become ← 現在完了<have[has]＋過去分詞>(完了・経験・結果・継続)　②「手を洗うことは重要である，（　②　），世界のある人たちにとっては，そのことはたやすいことではない」正解は，ウ　but「しかし」　ア「あるいは」　エ「によって，までに」オ「たとえば」　カ「だから」　キ「～へ」　ク「～する時に」

重要 (2)　do this は石けんで手を洗うこと。　<There＋be動詞＋S＋場所>「… [場所]にSがある，いる」<先行詞(人)＋主格の関係代名詞 who＋動詞>「動詞する先行詞」 cannot「できない」

やや難 (3)「しかし，（　④　）国は（　⑤　）国からの手助けが必要である」 第3段落の最終文に Many people in developing countries are getting sick because they cannot use water to wash hands. とあり，ユースケのコメントの第4文に I think there are a lot of things that people living in developed countries can do. とあるのを参考にすること。④は「発展途上国」になるように，developing，⑤は「先進国」になるように，developed が当てはまる。分詞の形容詞的用法<現在分詞＋名詞>「～している名詞」／<過去分詞＋名詞>「～された名詞」 are getting sick ← <be動詞＋現在分詞[原形＋-ing]>進行形「～しているところだ」 <There＋be動詞＋S>「Sがある，いる」 a lot of things that people ～ can do「人々ができる多くのこと」<先行詞＋目的格の関係代名詞 that＋主語＋動詞>「主語が動詞する先行詞」 people living in「～に住んでいる人々」← 現在分詞の形容詞的用法<名詞＋現在分詞[原形＋-ing]＋他の語句>「～している名詞」

やや難 (4)　以下の文脈から，空所に当てはまる最も適切な選択肢を選ぶこと。「今日では，ほとんどの人々が手洗いはとても重要であるということを知っている。しかし，発展途上国は先進国からの手助けが必要である。⑥エ世界中の人々が手を洗うことができるように，日本や他の国々は援助を与えるべきである」 should「～すべきである，するはずだ」 ア「世界中の人々が十分な石けんを買うことができるように」　イ「世界中の人々がユニセフについて十分な情報を得ることができるように」　ウ「世界中の人々が手洗いの重要性を学ぶことができるように」

重要 (5)　1)「世界中の50パーセント以上の人々が，石けんと水で自宅にて手を洗うことができる」(○)　第3段落第1文「ユニセフによると，世界の人々の40パーセント，あるいは，30億人が，家庭に石けんと水が備わった手洗い場を有していない」に一致。 more than「～以上」 2)「ユースケは水問題について興味を抱いたが，この記事を読んだときに，ショックを受けなかった」(×)　ユースケのコメントの第1文に When I read the article, I got not only shocked but also interested in the water problem. と述べているので，不一致。 interested in「～に興味がある」 was[got]shocked ← 受動態　not only A but also B「AばかりでなくBもまた」
3)「ユニセフは水問題を解決したがっている」(○)　ユースケのコメントに UNICEF is trying to collect donations to solve this problem. とあるので，一致。<would like＋to不定詞>「～したい」 is trying ← <be動詞＋現在分詞[原形＋-ing]>進行形「～しているところだ」

4)「SNSはこの問題について人々に告げる良い方法である，とユースケは考えている」(○) we can spread the information about this problem by using our SNS. / I want to keep studying about this and I will tell more people through my SNS. と述べているので，一致。a good way to tell「告げる良い方法」 不定詞の形容詞的用法<名詞 + to不定詞>「～するための名詞」 by using ← <前置詞 + 動名詞> keep –ing「～し続ける」

やや難 (6) 1)「ユースケによると，何が重要か」ユースケのコメントの第2段落第2文に It is important for us to lean what is happening in the world. とあることから考えること。<It is + 形容詞 + for + S + to不定詞>「Sが～［不定詞］することは…［形容詞］である」 learn what is happening in the world ← 間接疑問文(疑問文が他の文に組み込まれた形)なので，<疑問詞 + 主語 + 動詞>の語順であることに注意。← What is happening in the world ? ここでは疑問詞が主語の位置にある疑問文なので，見た目は変化ナシ。 2)「SDGsについてかつて聞いたことがあるか」現在完了の疑問文の答え方は2通り。Yes, I have.／No, I haven't.

基本 **[2]** (単語の発音)

(1) オのみ[e]，他は[iː]。 (2) エのみ[ɑːr]，他は[əːr]。 (3) ウのみ[e]で，他は[ei]。 (4) アのみ[ei]，他は[e]。 (5) ウのみ[ð]，他は[θ]。

重要 **[3]** (文法：語句補充・選択，現在完了，動名詞，比較，受動態，分詞，仮定法，不定詞)

(1) 「私は彼と1週間前に会った。でも，それ以来，彼に会っていない」① a week ago「1週間前」なので，過去形の saw が正解。 ② since then「それ以来」がヒント。現在完了形の haven't seen が正解。 (2) 「雨が止んだら，ピクニックへ行こう」<stop + 動名詞[原形 + -ing]>「～することを止める」 参照<stop + to不定詞>「～するために立ち止まる」 <Let's + 原形>「～しよう」 (3) 「あなたの国では，野球とバスケットボールのどちらがより人気がありますか」 more popular「より人気がある」popularの比較級 (4) 「何名の生徒が彼の誕生日パーティーに招かれたか」「招かれた」なので，受動態<be動詞 + 過去分詞>にする。主語は複数形なので，正解は were。<How many + 複数名詞 ～ ?>数を尋ねる表現。 (5) 「壊された窓を触らないようにしなさい」「壊された窓」なので，過去分詞の broken が当てはまる。過去分詞の形容詞的用法<過去分詞 + 名詞>「～された名詞」 命令文の否定形<Don't + 原形>「～するな」(禁止) (6) 「もし私が医師ならば，多くの人々を助けることができるのに」仮定法過去<If + 主語 + 過去形 ～，主語 + 過去の助動詞 + 原形>現在の事実に反することを仮定「もし～ならば，…するだろう」したがって，正解は過去形の were。

重要 **[4]** (会話文：文挿入，助動詞，進行形，受動態，現在完了，接続詞，動名詞，不定詞)

(1) A：「映画がまもなく始まります。私たちはもう行かなければなりません」／B：「わかっていますが，温かい飲み物を買いたいのです。なので，先に行ってください。①ウすぐに行きます」／A：「わかりました」 まもなく映画が始まるが，飲み物を買いたいので，「先に行ってください」(Go ahead.)という発言につながる選択肢を選ぶこと。<be動詞 + going + to不定詞>「～しようとしている，するつもりである」 must「しなければならない，にちがいない」 ア 「私たちは映画館へ行きました」 イ 「映画は10分前に始まりました」 エ 「私たちは今映画を見ているところです」 are watching 進行形<be動詞 + 現在分詞[原形 + -ing]>「～しているところだ」

(2) A：「すみません。この近くに郵便局はありますか」／B：「はい。むこうにあります」／A：「②イどうやってそこへ行くことができますか」／B：「この通りをまっすぐに進んでください。そうすれば，左手に見えます」 空所②の質問を聞いて，相手が道案内をしていることから，考えること。<There + be動詞 + S>「Sがある，いる」one = a[an]+ 単数名詞 ここでは a post

office の代用。<命令文, and …>「～しなさい，そうすれば…」 ア 「どのくらい時間がかかりますか」 How long ～ ?（時間の）長さを尋ねる表現。 ウ 「郵便局はいかがですか」 How about ～ ?「～はいかがですか」 エ 「この近くに郵便局はいくつありますか」<How many + 複数名詞 ～ ?> 数を尋ねる表現。

(3) A：「この部屋には多くの写真があります」／B：「私のクラスメイトがこれらの写真を撮りました」／A：見てください！ これは素晴らしい写真ですね。美しい山々が写真に写っています。③ア誰がこの写真を撮影したのですか」／B：「おそらくメアリです。彼女は山を登ることが好きですから」 ③の質問に対して，Maybe Mary did.「おそらく，メアリがした」と答えていることから，誰が行ったかを尋ねる表現が空所に当てはまることになる。<There + be動詞 + S + 場所>「～［場所］にSがある，いる」 イ 「いつそれは撮影されたのですか」 was taken ← 受動態<be動詞 + 過去分詞> ウ 「あなたは山が好きですか」 エ 「それはどのようですか」

(4) A：「私の教科書を見ませんでしたか」／B：「いいえ，見かけませんでした。④イなくしたのですか」／A：「はい，私の部屋に見当たりません」 最初のAの質問，および，④の質問を受けたAの応答より，Aが教科書をなくしたことは明らかである。④の質問に Yes と肯定で答えていることから，考えること。Have you lost it ?（現在完了の疑問文） ア 「あなたは準備ができていますか」 ウ 「それを使ってもよいですか」may「～してもよい，かもしれない」 エ 「ご機嫌はいかがですか」How are you ? 相手の体調を尋ねる表現。

(5) A：「もしもし。こちらはトムです。ヒナと話したいのですが」／B：「彼女は今外出中です。伝言を残したいですか」／A：「いいえ，結構です。⑤エ後ほど，かけなおします」／B：「わかりました。彼女が帰宅したら，電話があったことだけを彼女に伝えます」 伝言を残したいかを尋ねられて，断っていることから，判断すること。 Hello.「（電話口で）もしもし」 This is S.「こちらはSです」 May I speak to X ?「Xと話したいのですが」 leave a message「伝言を残す」 No, thank you.「結構です」 ア 「伝言をうけたまわります」 イ 「番号が間違っています」 ウ 「私はヒナではありません」

(6) A：「図書館でのボランティア経験はいかがでしたか」／B：「素晴らしかったです。私は多くのことを学びました。⑥ウでも，仕事はとても大変でした」／A：「本当ですか。平気ですか」／B：「はい，平気です。図書館の人たちは私にとても親切にしてくれました。彼らは私をたくさん手助けしてくれました」「図書館のボランティア経験は素晴らしかった。多くのことを学んだ。でも［But］（ ⑥ ）」→ Really ? Were you all right ?「本当に？ 平気？」以上の文脈，および，選択肢がすべて逆接の but「でも」で始まっていることから判断すること。ア 「でも，図書館は非常に静かでした」 イ 「でも，私はそれに興味がありました」<be動詞 + interested in>「～に興味がある」 エ 「でも，私は私の友達と話すことができませんでした」couldn't ← can't「できない」の過去形

(7) A：「あなたは料理をしますか」／B：「はい，料理します。私は和食を料理することが好きです。私は週末に料理します」／A：「和食の料理の仕方を教えてくださいませんか」／B：「⑦エもちろんです。次の土曜日はいかがですか」 和食の作り方を教えて欲しいという依頼に対する適切な応答を選ぶこと。How about ～ ?「～はいかがですか」 like cooking「料理することが好き」← 動名詞<原形 + -ing>「～すること」 Could you ～ ?「～してくださいませんか」丁寧な依頼。<how + to不定詞>「～の仕方，いかに～するか」

(8) A：「今日はとても暑いです。何か飲み物を飲みましょう」／B：「もちろんです。私は良い店を知っています。そこはフルーツ・ジュースで有名です」／A：「本当ですか。自転車でここからそこへ着くのにどのくらい時間がかかりますか」／B：「⑧ウわずか数分です」 どのくらい時

間がかかるか，という質問に応じた返答を選ぶこと。something to drink「飲み物」← 不定詞の形容詞的用法<名詞 + to不定詞>「～するための名詞」 famous for「～で有名な」 <How long does it take + to不定詞 ～ ?>「～［不定詞］するにはどのくらい時間がかかるか」 <by + 乗り物>「(交通手段)で」 ア 「土曜日の午後」 イ 「午前9時」 エ 「1週間に4日間」

や難 **[5]** **(文法・語彙：言い換え・書き換え，単語，分詞，助動詞，動名詞)**

(1) 「私の友人は英語で私に手紙を書きました」／「私は私の友人より英語で書かれた手紙を受け取りました」「書かれた」written 過去分詞の形容詞的用法 <名詞 + 過去分詞 + 他の語句>「～された名詞」

(2) 「私の姉には幼い少女がいます。彼女の名前はミキです」／「ミキは私の姉の娘です」「娘」daughter

(3) 「雪が降るので，窓を閉めたままにしなければなりません」／「雪が降るので，窓を開けたままにしてはいけません」「開けた」open should「～すべきである，するはずだ」 keep the window closed／keep the window open ← keep O C「OをCの状態のままにする」 must not「～してはいけない」(禁止)

(4) 「トランプをしませんか」／「トランプをしましょうか」 <How about + 動名詞［原形 + -ing］?>「～するのはどうですか」 Shall we ～ ?「～しましょうか」

(5) 「私たちはそれについて何も知らない」正解は，nothing。anything の否定 → nothing「全く～ない」

[6] **(手紙文：内容吟味，語句補充・選択，要旨把握，比較)**

(全訳) 2022年1月10日

親愛なるルーシー

電子メールを送ってくれてありがとう。それを読むのは楽しかったです。あなたの手紙では，あなたは2つの質問をしたので，それらに答えます。

まず，私の好きな季節について話しましょう。多くの花が咲くので，私はこの季節が一番好きです。日本の学期はこの季節に始まります。あなた方の学期は9月に始まるということを聞き，私は驚きました。それはあなたの国を訪れるには，良い時期ですか。

次に，国の色についてです。多くの国には独自の色があるということを私は知りませんでした。私はあなたの国の色が好きです。良い色です。ここ日本では国の色があるとは思いませんが，青が私たちの国には一番良い色であると私は思います。エなぜだかわかりますか。理由を言いましょう。日本には美しい海があるからです。また，テレビで私たちの国の代表のサッカー選手を見てください。彼らは青いユニフォームを着ています。

あなたの友人，ユリ

基本 (1) I like this season the best because there are a lot of flowers. The Japanese school year begins in this season. と書かれてあり，花が多く咲き，日本の新学期が始まる季節なので，正解は，spring「春」。best「最もよい，最もよく」good／well の最上級 <There + be動詞 + S>「Sがある，いる」 ア 「冬」 ウ 「夏」 エ 「秋」

基本 (2) 空所を含む英文の文意は「ここ日本では国の色があるとは思わないが，青が私たちの国には一番良い色であると私は思う。( )知りたいか」。空所を含む英文以降で，青が国の色として一番良いと考える理由が述べられていることから，考えること。正解は，その理由を問う why「なぜだか」。ア 「どこだか」 イ 「いつだか」 ウ 「どのようにしてだか」

基本 (3) 第3文目の In your message you asked me two questions, so I'll answer them. が，Yuri がこのメールを作成した目的である。したがって，正解は，ウ 「彼女はルーシーからの質問に答えたかったから」。ア「彼女自身をルーシーに紹介したかったから」 イ「彼女はルーシーにあいさつしたかったから」 エ「彼女はルーシーとサッカーの試合に行きたかったから」

重要 [7] (文法：語句整序，進行形，不定詞，関係代名詞，間接疑問文，仮定法，前置詞，動名詞)

(1) Where were you waiting for her(?) <be動詞 + 現在分詞[原形 + -ing]>進行形「～しているところだ」 wait for「～を待つ」

(2) Our teacher tells us to study hard(.) <tell + 人 + to不定詞>「人に～［不定詞］するように言う」

(3) The girl who made this table lives in this town(.) <先行詞(人)+ 主格の関係代名詞who + 動詞>「～［動詞］する先行詞」

(4) Do you know why Kate is angry(?) 疑問文(Why is Kate angry ?)が他の文に組み込まれる[間接疑問文]と，<疑問詞 + 主語 + 動詞>の語順になるので注意。

(5) I wish I were good at dancing(.) <I wish + 主語 + 過去形>「～であればいいなあ」仮定法過去(現在の事実でないことを仮定) <be動詞 + good at>「～が上手である」 at dancing ← <前置詞 + 動名詞>

やや難 [8] (文法・語彙：和文英訳，単語，比較)

1「中学生」a junior high school student 2「彼女は勉強する」She studies／learns 3人称単数現在のsを忘れずに。 3「多くの科目」many subjects 複数形なので，sを忘れずに。 4「彼女は好き」She likes／loves 3人称単数現在のsを忘れずに。 5「音楽」music 6「歌う」sing 7「声」voice the best of all「全ての中で一番」 on the way to「～へ行く途中に」 have a good time「楽しむ」

★ワンポイントアドバイス★

[1](5)長文読解問題の要旨把握問題を取り上げる。4つの英文が，本文の内容と合っているか，合っていないかを答える問題。キーワードを手掛かりに，本文の該当する箇所を実際に参照しながら，真偽の判断をすること。

<国語解答>

【一】 問一 (ア) つど (イ) 背後 (ウ) あこが (エ) 違和感 (オ) 拘束 (カ) つちか 問二 説諭や教訓 問三 エ 問四 感謝，親しさ，満足，喜び 問五 (例) 自分を投射しやすい身近な者に自分を濃く写し，自分自身に失望したり嫌悪したりする心情を重ねるから。 問六 エ 問七 (例) 勉強をしないとか，わがままだとか反抗をするとか，そういうふうにうろたえたり，かさにかかったりの説諭や教訓をする人。 問八 自己表現 問九 (例) 涙を流している状態。 問十 ア

【二】 問一 (ア) いう (イ) おびえまどいて 問二 (例) とても・大変 問三 うち眠りてゐたる 問四 入りたまへ 問五 Ⅰ (一) イ (二) ア Ⅱ (例) 「中にお入りなさい」という指示に従わなかったから。 問六 翁丸 問七 (一) イ (二) ア

【三】 問一 (a) イ (b) ウ (c) ア

問二　1 オ　2 ウ　3 コ　4 エ　5 ア　6 カ　7 キ　8 イ

問三　（発生抑制）ア・ウ　（再使用）エ・オ　（再生利用）イ・カ

○推定配点○

【一】 問二・問四　各4点×2　問五・問七　各5点×2　問八～問十　各3点×3
他　各2点×8　【二】 問三～問五Ⅰ・問六　各3点×5　問六　4点　他　各2点×5
【三】 問三　各1点×6　他　各2点×11　計100点

＜国語解説＞

【一】 （論説文－漢字の読み書き，脱文・脱語補充，内容吟味，文脈把握）

問一 （ア）「集い」とは，集まりや会合のこと。（イ）「背後」とは，うしろ，後方のこと。（ウ）「憧れ」とは，物事に心が奪われること，思いこがれること。（エ）「違和感」とは，ちぐはぐな感じ。（オ）「拘束」とは，行動の自由を制限し，または停止すること，拘引して束縛すること。（カ）「培い」とは，能力や性質を養い育てること。

問二 「権威的」とは，制度や地位，人格などに優越的な価値や力が属しているため服従を要求できること。ここの場合で言えば，年長者や正しいと思っている人が経験や知識を用いて，説諭や教訓を与えると，圧迫と拘束を感じて自分の殻に閉じこもってしまうとしている。

問三　カッコの前に「つまり」とあるので，前後で同義を表している。その前に，「よい助人とは，彼らが自分の胸中にそういう格闘を行わせている，という健気さをみとめてやって，一緒に闘ってやるという立場」とある。「一緒に闘う」というところから，同じ目線，友人として接することの大切さを説いている。

問四　傍線部の後に，歌を四句挙げた後，「こういう歌は感謝，親しさ，満足，喜びを背後にしている」とあるので，その中から指定字数に合うように抜き出す。

重要 問五　傍線部の後に，「身近な者ほどに，彼らは自分を投射して見やすいのであって，いわばわかりすぎる自分に失望して反逆し」「父母が好きであればあるほど，その中に自分を濃く写し，あきたらないところがあればそれを嫌悪するという心情や表現をとる」とあり，身近な者に対する態度が述べられているので，その内容をまとめる。

問六　傍線部の前に，「まず父とか母を，それから先生へ，その次には友人へと」と一番身近なものからどんどんと挙げているので，「距離をもつ者」は友人となる。

重要 問七 「一緒に闘ってやるという立場」が大切だと述べている筆者にとって，「勉強をしないとか，わがままだとか反抗をするとか，そういうふうにうろたえたり，かさにかかったりの説諭や教訓などをよした方がいい」と感じている。

問八 「手段」とは方法である。ここでは短歌などを用いて自己表現ができる青少年はまだいいとして，何も自己表現できず孤独な青少年にこそ，周囲は心を配るべきだとしている。

基本 問九　傍線部の前に「あはれ」と可哀想だという感情を抱いているので，「頬熱し」は悲しみを表している。

問十 「反抗と孤独，自己嫌悪と自己慰藉」，また「感謝と親しさ，満足，喜び」という背反する気持ちを一つの心におさめ，それらを葛藤させることによって，やがて青少年は成長していくと筆者は主張している。

【二】 （古文－仮名遣い，語句の意味，内容吟味，文脈把握，文学史）

〈口語訳〉 天皇に飼われ侍っている御猫は，五位の位を頂いて，「命婦のおとど」と呼んで，とてもかわいらしいので，大事にして育てていらっしゃったが，縁側に出て寝ているので，（猫の）世話役をしている馬の命婦が,「まあ，いけませんね。入りなさい。」と呼ぶのに，言うことを聞かず，日の差し入っている縁側で，眠り続けているのを，目を覚まさせようとして,「翁丸，どこにいるの。命婦のおとどに食いつきなさい。」と言うと，本当かと思って，愚か者は(猫に)飛びかかったので，(猫は)怖がって逃げ回り，御簾の中に入った。

問一　語頭以外の「は，ひ，ふ，へ，ほ」を「ワ，イ，ウ，エ，オ」と読む。

問二　「いと」ははなはだしく，極めて，全く，大して，とてもという意味。

問三　「命婦のおとど」は日の差し入っている縁側で，眠り続けていたのである。

問四　日の差し入っている縁側で，眠り続けていた「命婦のおとど」を見て，馬の命婦が「まあ，いけませんね。入りなさい。」と言ったのである。

重要 問五　馬の命婦が「入りなさい」と言うのに，いつまでたっても従わず，縁側で眠り続けていた「命婦のおとど」をこわがらせようとしたのである。

問六　「しれもの」とは愚かな者,乱暴者のこと。ここでは,馬の命婦に命じられて「命婦のおとど」にとびかかった「翁丸」のことを言う。

問七　『枕草子』は，平安時代中期に中宮定子に仕えた女房，清少納言により執筆されたと伝わる随筆。

【三】（説明文－脱文・脱語補充，その他）

問一　(a)「リデュース」とは，環境負荷や廃棄物の発生を抑制するために無駄・非効率的・必要以上な消費・生産を抑制あるいは行わないことを指す。　(b)「リユース」とは，一度使用された製品，もしくは製品の一部のモジュールや部品をそのまま使うこと(修理を伴うことも含む)をいう。　(c)「リサイクル」とは，不用品・廃棄物などを再生利用すること。

問二　1「家庭ごみの分別」はどの年度を見ても，一番高い数字である。 2「レジ袋をもらわない」「詰め替え用品を買う」「資源ごみを出す時は洗う」という項目は全て6割以上となっている。 3・4「マイ箸とマイボトル」を繰り返し利用する人は，2割以上となっている。 5　項目の中で,「～を買わない」となっているのは,「使い捨て製品」である。 6・7　小型電子機器の店頭回収は「18.9％」に対し，トイレや牛乳パック等の食品容器は「37.1％」と約2倍になっている。 8「インターネット」などで，フリーマーケットやオークションを利用することで，不用品を減らすことができる。

問三　発生抑制　スキー道具は必要な場合が少ないので購入を抑える，また必要以上に料理を注文することは食べ残しに繋がるので，注文を抑える。　再使用　布製品を雑巾にすることや，読まなくなった本を古本屋で売ることで，捨てることなく再使用が可能となる。　再生利用　古紙100％のメモ用紙はリサイクル商品，また新聞紙，段ボール，菓子箱は資源ごみとして出すことにより，リサイクル商品へと生まれ変わる。

★ワンポイントアドバイス★

長文読解では，要旨・主題，文章理解がよく出題されるので，内容を把握し，必要な部分を抽出して指定された字数にまとめる記述問題に数多く取り組もう。

2021年度

★★★★★★★★★★★★★★★★★★★★★★★★

入　試　問　題

2021年度

中越高等学校入試問題

【数　学】（45分）〈満点：100点〉

1　次の計算をしなさい。

(1)　$-\frac{2}{3}+\frac{5}{12}\div\frac{5}{2}$　　(2)　$(\sqrt{24}+\sqrt{54})\div\sqrt{2}$

(3)　$\frac{2a-b}{4}-\frac{a+3b}{6}$

2　次の各問いに答えなさい。

(1)　連立方程式 $\begin{cases} 2x+y=5 \\ 5x-2y=-1 \end{cases}$ を解きなさい。

(2)　$2x^2+2x-40$を因数分解しなさい。

(3)　2次方程式$3x^2-4x-2=0$を解きなさい。

(4)　yはxの2乗に比例し，$x=2$のとき$y=-12$である。xの変域が$-4\leqq x\leqq 3$のときのyの変域を求めなさい。

(5)　下の図において，$\ell /\!/ m$，AB＝BDのとき，$\angle x$と$\angle y$の大きさを求めなさい。

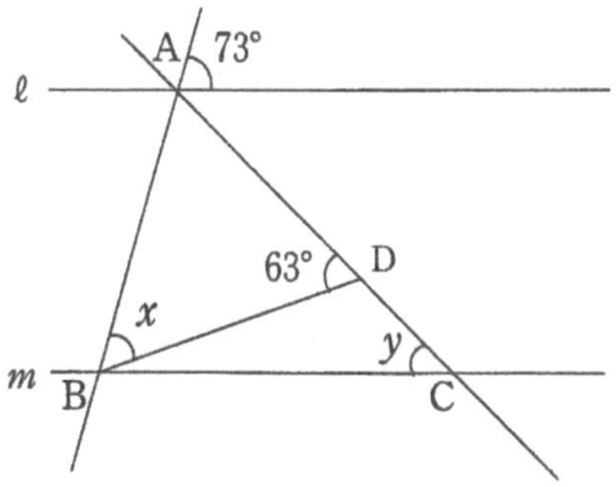

(6)　3枚の硬貨A，B，Cを同時に投げるとき，1枚だけ表が出る確率を求めなさい。

(7)　相似比が4：3の△ABCと△DEFがあり，△ABCの面積は32 cm^2である。このとき，△DEFの面積を求めなさい。

(8)　下の半円を直線ℓを軸として，1回転させてできる立体の表面積Sと体積Vを求めなさい。ただし，円周率はπ，単位はcmとする。

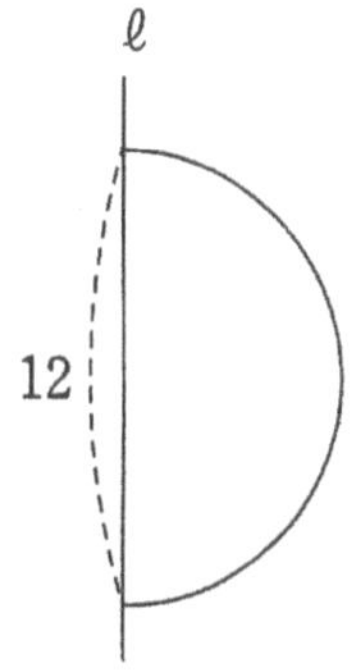

3 左の図は，ある生徒20人の通学時間をヒストグラムに表したものであり，右の表はそれを度数分布表にまとめたものである。

階級(分)	階級値	度数(人)	相対度数
以上 未満 0 ～ 20	10	2	0.1
20 ～ 40	(ア)	8	0.4
40 ～ 60	50	(イ)	0.3
60 ～ 80	70	4	(ウ)
計		20	1.0

(1) 表の(ア)～(ウ)に当てはまる数を求めなさい。

(2) 度数分布表から通学時間の平均値を求めなさい。

4 右のように，自然数が次の規則にしたがって並んでいる表がある。

┌─ 規　則 ─────────────┐
　1行目には1から始まる奇数が順に並んでいる。
　2行目以降は，前の行に並んだ数に1を加えた数が順に並んでいる。
└──────────────────┘

この表について，次の問いに答えなさい。

(1) 15行目の5列目の数を求めなさい。

(2) 40は何個あるか求めなさい。

(3) 表の中の $\begin{array}{|c|c|}\hline 5 & 7 \\\hline 6 & 8 \\\hline\end{array}$ のような，4つの自然数の組

$\begin{array}{|c|c|}\hline a & b \\\hline c & d \\\hline\end{array}$ について考える。

$a+b+c+d=142$ のとき，a の値を求めなさい。

	1 列 目	2 列 目	3 列 目	4 列 目	5 列 目	6 列 目	7 列 目	…
1行目	1	3	5	7	9	11	13	…
2行目	2	4	6	8	10	12	14	…
3行目	3	5	7	9	11	13	15	…
4行目	4	6	8	10	12	14	16	…
5行目	5	7	9	11	13	15	17	…
⋮	⋮	⋮	⋮	⋮	⋮	⋮	⋮	⋱

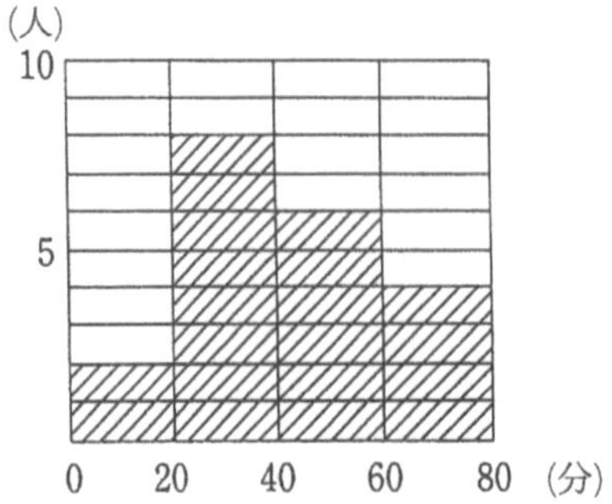

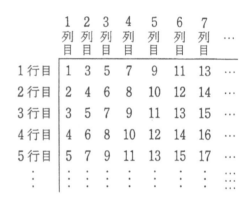

5 右の図のように反比例のグラフ$y=\dfrac{a}{x}$ $(a>0)$と直線ℓが2点A，Bで交わっていて，Aの座標は$(-4,\ -4)$，Bのx座標は2である。このとき，次の問いに答えなさい。

(1) aの値を求めなさい。

(2) 直線ABの式を求めなさい。

(3) $\triangle AOB$の面積Sを求めなさい。

(4) 点Pが線分AB上を点Aから点Bまで動くとき，$\triangle AOP$の面積と$\triangle OPB$の面積が等しくなるような点Pの座標を求めなさい。

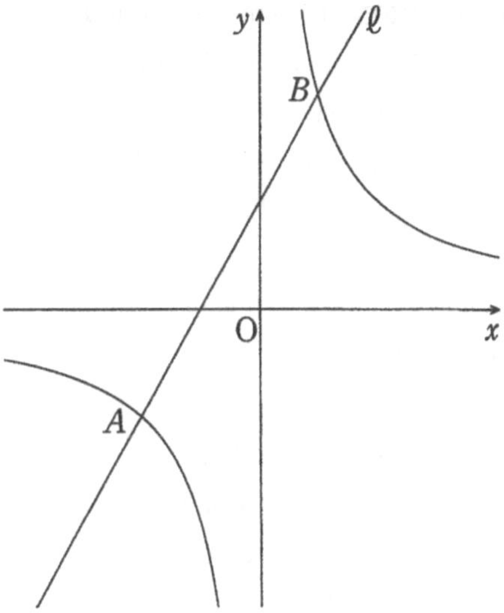

【英　語】（45分）〈満点：100点〉

［1］ 次の文はToshiとJimとの対話文です。これを読んで下の問いに答えなさい。＊印のついている語句には，本文のあとに（注）があります。

Toshi ：Finally we have arrived at the sea, Jim. Many kinds of birds are flying in the blue sky and a lot of beautiful fish are swimming in the sea.

Jim ：What a blue sea! Some people are swimming and others are playing on the beach. They look very happy.

Toshi ：This beach is very popular and a lot of people come here every summer.

Jim ：When I was in my country, ①I heard many Japanese beaches near some cities were *dirty with *trash. Before they go home, they don't take their trash with them. But this beach is very beautiful.

Toshi ：Yes, it is. Well, do you know about the *heavy oil accident that *happened around here a few years ago?

Jim ：No. What happened?

Toshi ：A *tanker had an accident and heavy oil from it came to the beach.

Jim ：（　②　）What did people do then?

Toshi ：They worried about the sea. It was a very cold winter, but many people worked hard, as *volunteers, to clean the beach.

Jim ：Really? Did you clean also?

Toshi ：Yes. I was ten years old then. I came here with my brother and we cleaned the beach. My hands and shoes got dirty and I became very tired. But I was happy because we could work with many people to help the sea. Since then we have had *The Beach Cleanup Campaign. Every summer, we work hard for a few hours and collect trash on the beach.

Jim ：That's nice. A *ship, called Wakashio, also hit the *Mauritius *coral reef on July 25th, and began losing heavy oil on August 6th. ③The coral reefs can live only in a clean sea. Clean water is an important part of their *environment. Many *local people cleaned the beach. I think it's important for us to make *nature beautiful again.

Toshi ：④I agree. I hope many people will think about our environment and come to this beach again. Now, Jim, let's go swimming!

Jim ：O.K. Let's go!

（注） dirty：汚れた　trash：ごみ　heavy oil：重油　happen：起こる　tanker：タンカー
volunteer：ボランティア　The Beach Cleanup Campaign：海岸清掃キャンペーン　ship：船
Mauritius：モーリシャス　coral reef:珊瑚礁　environment：環境　local：地元の　nature：自然

(1) 下線部①とほぼ同じ内容を表すように，（　　）の中に入る適切な語を下のア～エから1つ選び，その符号を書きなさい。

I heard many Japanese beaches near some cities （　　　） a lot of trash.

ア．cleaned　　イ．grew　　ウ．had　　エ．worked

(2) 文中の(②)の中に入る適切な英文を次のア～エから1つ選び，その符号を書きなさい。
ア．I think so.　イ．That's too bad!　ウ．Here you are.　エ．That's right!

(3) 下線部③とほぼ同じ意味を表すように，次の( )に3語の英語を入れなさい。
The coral will die if the sea (　　)(　　)(　　).

(4) 下線部④についてToshiはJimのどのような考えに対して，このように言ったのか，日本語で書きなさい。

(5) 次のア～オのうち本文の内容に合うものを2つ選び，その符号を書きなさい。
ア．Jim knew about the heavy oil accident when he was in his country.
イ．It was a very cold winter when the heavy oil accident happened.
ウ．Toshi and Jim joined a campaign to help the sea at the time of the heavy oil accident.
エ．Toshi was happy because he cleaned the beach with many people.
オ．The Beach Cleanup Campaign started ten years ago.

(6) 次の質問に対する答えを英語で答えなさい。
1) Do a lot of people go to the beach every summer?
2) Who went to the beach with Toshi to clean it a few years ago?

(7) あなたは次のように質問されたらどのように答えますか。答えの文とその理由を表す文をそれぞれ3語以上の英語で書きなさい。
Which do you like better, summer or winter?

[2] 次の各文の( )内から最も適切なものを1つ選び，符号で答えなさい。

(1) Where (ア．is　イ．are　ウ．does　エ．do) her sister now?
(2) There are many places (ア．visit　イ．visiting　ウ．to visit　エ．visited) in Nagaoka.
(3) Mamoru likes (ア．sing　イ．singing　ウ．sings　エ．sang) very much.
(4) Have you ever (ア．seeing　イ．see　ウ．saw　エ．seen) these flowers?
(5) Our school is (ア．big　イ．bigger　ウ．biggest　エ．the biggest) than your school.
(6) My father (ア．cooks　イ．cook　ウ．cooked　エ．is cooking) every Sunday.
(7) What languages (ア．use　イ．are using　ウ．are used　エ．used) in Africa?

[3] 次の各単語で最も強く発音される部分を1つ選び，符号で答えなさい。

(1) beau-ti-ful
ア イ ウ

(2) un-der-stand
ア イ ウ

(3) to-geth-rer
ア イ ウ

(4) in-ter-est-ing
ア イ ウ エ

(5) ex-pe-ri-ence
ア イ ウ エ

[4] 次の①～⑧の空欄に当てはまる最も適切な文を下から1つ選び，符号で答えなさい。

(1)
A：What time does the city festival in the park start?
B：At 9:00. We still have 30 minutes.
A：Do you think we have to take a bus?
B：(①) We can walk to the park.

ア. Yes. We should take it.　　イ. Yes. We must get off.
ウ. No. We don't have to do that.　　エ. No. We have not gotten there yet.

(2)　A：It's so cold today.
B：Shall I make something hot to drink?
A：(②) I would like to have hot milk.

ア. You are welcome.　　イ. Yes, please.
ウ. Don't worry.　　エ. No, thank you.

(3)　A：(③)
B：I can't find my racket.

ア. What's wrong?　　イ. What do you want to do?
ウ. What do you think?　　エ. What are you going to do?

(4)　A：Today is Wednesday. What will be two days from today?
B：Well. (④).

ア. it will be Monday.　　イ. it will be Thursday.
ウ. it will be Friday.　　エ. it will be Saturday.

(5)　A：Excuse me. Does this bus go to Tokyo?
B：No, it doesn't. (⑤)

ア. It go to Osaka.　　イ. It goes to Osaka.
ウ. It went to Osaka.　　エ. I go to Osaka.

(6)　A：What are you going to do this afternoon?
B：I have not decided yet.
A：Then, let's go shopping together.
B：(⑥)

ア. Have a nice day.　　イ. I'm busy this afternoon.
ウ. I don't know.　　エ. OK. Sounds good.

(7)　A：Hello.
B：Hello. This is Lisa. May I speak to Mike, please?
A：I'm sorry, he is out. Would you like me to take a message?
B：(⑦) Thank you.

ア. No, I'll call back later.　　イ. No, I will leave for school.
ウ. OK, see you then.　　エ. When will you come back?

(8) A：Can I use your dictionary? I forgot mine.

B：(⑧)

ア. Thank you.	イ. I'm new to them.
ウ. Of course.	エ. OK. Go straight.

[5] (1)～(5)の意味をもつ英単語を書きなさい。ただし，与えられた1文字目に続けて書くこと。

(1) a day which people do not have to go to work or school (h _ _ _ _ _ _)

(2) not the same (d _ _ _ _ _ _ _ _)

(3) when you want to eat something (h _ _ _ _ _)

(4) a person who takes care of sick people with a doctor in a hospital (n _ _ _ _)

(5) a room or building that has books that you can read there or borrow (l _ _ _ _ _ _)

[6] 次の英文を読み，質問に答えなさい。＊印がついている語句には，本文の後に(注)があります。

Skating Club Wants New Members!
Chuetsu Skating Club
Welcome new members to the club!

This club has a 20 year history and there are many famous members from the club. *Membership is for one year.

●Members can：

・Get *free drinks　**・Borrow *a pair of skates**

・*Take lessons at a lower price

●Members *Costs：

・Ages 3-12：$50　**・Ages 13-59：$100**　**・Ages 60 and over：$60**

Everyone may come, but children under three can't become members.

(注) membership：会員　free：無料の　a pair of ～：ひと組の～　take lessons：レッスンを受ける　cost：値段

(1) このスケートクラブは何年の歴史があるか。次から選び，符号で答えなさい。

ア. For two years.　イ. For twelve years.

ウ. For twenty years.　エ. For thirty years.

(2) スケートクラブの会員ができることを次から選び，符号で答えなさい。

ア. They can drink for free.

イ. They can learn the history of the club.

ウ. They can get one free lesson every year.

エ. They can buy a pair of skates at a lower price.

(3) 15歳の会費はいくらか。次から選び，符号で答えなさい。

ア．$20　　イ．$50　　ウ．$60　　エ．$100

(4) スケートクラブの会員になることができない対象を，日本語で書きなさい。

［7］ 次の(1)～(5)の日本語の意味を表す英文になるように(　　)内の語(句)を並べ替え，［1］，［2］に入る語(句)の符号を順に答えなさい。ただし，文頭に来るものも小文字で書いてあります。

(1) 彼の兄は，叔父を助けるためによく店に行きます。

His brother ＿＿ ［1］ ＿＿ ＿＿ ［2］ ＿＿.

(ア．goes　イ．his uncle　ウ．often　エ．the store　オ．to　カ．to help).

(2) イズミは，今，サッカーの試合をテレビで見ています。

＿＿ ［1］ ＿＿ ＿＿ ［2］ ＿＿ now.

(ア．a soccer game　イ．is　ウ．Izumi　エ．on　オ．watching　カ．TV).

(3) 友達と一緒に昼食を食べることは楽しいです.

＿＿ ［1］ ＿＿ ＿＿ ［2］ ＿＿.

(ア．fun　イ．having　ウ．is　エ．lunch　オ．my friends　カ．with).

(4) これは駅への道を示している地図ですか。

＿＿ ［1］ ＿＿ ＿＿ ［2］ ＿＿ ＿＿?

(ア．is　イ．shows　ウ．the map　エ．the way　オ．this　カ．to the station　キ．which)?

(5) 私は去年からネコを飼っています.

＿＿ ［1］ ＿＿ ＿＿ ［2］ ＿＿.

(ア．a cat　イ．had　ウ．have　エ．I　オ．last year　カ．since).

［8］ Yutakaさんは，オーストラリアでホームステイをしたことがあります。そのときのホストファミリーだったMr. Smithを英語の授業で紹介することになりました。メモに書かれた2つの事柄を，Yutakaさんになったつもりで，(　　)に英語を書きなさい。なお，(　　)1つにつき，1単語を入れること。

～メモ～

(1) スミスさんは，日本語をとても上手に話すことができる。

(2) スミスさんは，来年，新潟に来る予定である。

(1) Mr. Smith (　　)(　　)(　　) very (　　).

(2) Mr. Smith (　　)(　　) to (　　) next year.

表A

小学生の日常生活・学習に関する調査（1989年調査）

「塾・習い事に行っているか」

	行っている	行っていない	無回答
全体	39.1	60.3	0.6
男子	37.2	62.0	0.7
女子	40.9	58.6	0.6
小学4年生	37.2	62.9	0.0
小学5年生	39.1	59.4	1.6
小学6年生	41.0	58.7	0.4

表B

小学生の日常生活・学習に関する調査（2019年調査）

「現在行っている習い事はありますか」

	水泳	受験・学校の補習のための塾	通信教育	音楽教室（歌や楽器など）	英語塾（読み書き中心）・英会話教室	そろばん	書道	サッカー・フットサル	武道（柔道・空手・剣道など）	体操教室	学校以外で行っている習い事（勉強やスポーツなど）はない
全体	28.4	16.7	14.2	14.0	13.6	7.5	7.5	6.9	5.6	5.5	19.6
男子	32.3	18.2	15.5	7.7	13.0	6.2	5.7	12.0	8.8	5.7	18.0
女子	24.5	15.2	12.8	20.3	14.2	8.8	9.3	1.8	2.3	5.3	21.2
小学4年生	32.5	22.0	22.0	15.0	17.0	11.5	7.5	8.0	3.5	4.5	4.5
小学5年生	22.5	19.0	10.5	12.0	14.0	7.5	10.5	8.0	6.0	2.5	2.5
小学6年生	17.0	27.0	13.5	10.5	11.5	4.0	10.0	4.5	6.5	2.0	2.0

問五　――線部④「思ひの外になむありける」について、

1　「思ひの外に」とは「思いがけず」という意味である。もともとは、どうなると予想していたのか。該当する部分を探し、はじめと終わりの三字を抜き出して答えなさい。

2　文中の「なむ」によって文末が「ける」に変化している。このような関係を何というか。適当なものを次の中から一つ選び、記号で答えなさい。

ア　体言止め　　**イ**　係り結び

ウ　切れ字　　**エ**　比喩

【三】下の表は、学研教育総合研究所の調査（1989年・2019年）によるデータをもとに作成した小学生の習い事に関する表であり、項目ごとの数字はパーセントをあらわしている。以下の文章の空欄①～⑩に入るものを、それぞれ《選択肢》の中から一つ選び、記号で答えなさい。

　表Aより、1989年の習い事に行っている生徒の割合は、全体で［　①　］%、行っていない生徒の割合は全体で［　②　］%であった。一方、表Bより、2019年の習い事を行っていない生徒の割合は、全体で［　③　］%であった。6年生の習い事に行っていない生徒の割合は、30年の間に［　④　］%減少した。

　表Bを見ると、2019年度の習い事の中で、小学生全体として一番人気なのは［　⑤　］であった。次いで人気なのは［　⑥　］・［　⑦　］であり、学習を習い事とする小学生が多い。女子だけに注目すると、［⑥］・［⑦］より［　⑧　］の人気が高いが、男子で習っている人が少なく、全体での順位は抑えられている。男子で5番目に人気のある［　⑨　］も、女子の人気を集められず、全体での順位は低い。［　⑩　］のみ、学年が上がるにつれて少しずつ習う人が増えている。

《選択肢》

ア　19.6
イ　39.1
ウ　56.3
エ　56.7
オ　60.3
カ　水泳
キ　受験・学校の補習のための塾
ク　通信教育
ケ　音楽教室（歌や楽器など）
コ　英語塾（読み書き中心）・英会話教室
サ　そろばん
シ　書道
ス　サッカー・フットサル
セ　武道（柔道・空手・剣道など）
ソ　体操教室
タ　学校以外で行っている習い事（勉強やスポーツなど）はない

り参りて、②此の由をありのままにぞ申す。いかなる御いましめかあらんと思ふほどに、「③いとあはれなる者どもかな。さほどに楽《がく》にめでて、何事も忘るばかり思ふらんこそ、いとやむごとなけれ。王位は

夢中で　尊いことだ

（ウ）口惜《くちを》しきものなりけり。行きてもえ聞かぬ事」とて涙ぐみ給へりければ、④思ひの外になむありける。

行って聞くことができないことよ。」と涙ぐみなさったので、

これらを思へば、此の世の事思ひすてむ事も、数寄《すき》はことにたよりとなりぬべし。

この世の俗事を思い切るためには、数寄は有効な手段となるに違いない。

（『発心集』）

笙 … 雅楽に用いる管楽器の一つ

篳篥師 … 篳篥の演奏家。篳篥は管楽器の一つ

裏頭楽 … 雅楽の曲名

数寄 … 和歌や音楽など、風流・風雅な方面に心を寄せること

問一　——線部（ア）「いふ」・（イ）「囲碁（ゐご）」・（ウ）「口惜しき（くちをしき）」を現代かなづかいに直し、すべてひらがなで答えなさい。

問二　——線部①「面白く覚えける程に」とあるが、何を「面白く」感じたのか。適当なものを次の中から一つ選び、記号で答えなさい。

ア　笙を吹き続けること　　イ　篳篥を演奏すること

ウ　囲碁で勝負すること　　エ　裏頭楽を唱えること

問三　——線部②「此の由をありのままにぞ申す」について、

1　誰の動作か。適当なものを次の中から一つ選び、記号で答えなさい。

ア　時光　　イ　茂光　　ウ　御使ひ　　エ　天皇

2　「此の由」の内容を四〇字以内で説明しなさい。

問四　——線部③「いとあはれなる者どもかな」について、

1　「いと」の意味として適当なものを次の中から一つ選び、記号で答えなさい。

ア　むしろ　　イ　まさか

ウ　とても　　エ　すぐに

2　「あはれなる者ども」は誰を指すか。適当なものを次の中から一つ選び、記号で答えなさい。

ア　時光と茂光　　イ　茂光と御使ひ

ウ　御使ひと天皇　　エ　天皇と時光

3　どのようなことに対する感想か。適当なものを次の中から一つ選び、記号で答えなさい。

ア　音楽に夢中になってどんなことも忘れるほどであること。

イ　風流なものに執着した結果、互いへの礼儀を欠いたこと。

ウ　好きなことに夢中になって、出世する時機を逃したこと。

エ　音楽の才能があるだけでなく高い教養も備えていること。

問二 [A]・[B]に入る語を、[A]は二字、[B]は四字で、それぞれ本文中から抜き出して答えなさい。

問三 [i]・[ii]に入るものを、それぞれ次の中から一つ選び、記号で答えなさい。

[i]《 **ア** 加えて　**イ** しかし　**ウ** つまり　**エ** ところで 》

[ii]《 **ア** 一方で　**イ** だから　**ウ** 確かに　**エ** そのうえ 》

問四 ——線部①「一筋縄ではいかない」の意味を、次の中から一つ選び、記号で答えなさい。

ア うまくいかない。　**イ** 本来の目的から離れる。

ウ 我慢ならない。　**エ** すぐに失敗する。

問五 ——線部②「先進国で発達障害が問題視されるのは、出生状況の変化が関係している面もあるでしょう」とあるが、本文における「出生状況の変化」に当てはまるものを次の中から一つ選び、記号で答えなさい。

ア 死の病とされた病気が克服されつつあること。

イ 体外受精での誕生が可能になったこと。

ウ 投薬や治療を続けつつ暮らす人が増えたこと。

エ 寿命が延び、高齢者の数が増えたこと。

問六 ——線部③「ふつうに健康が前提の世の中がひどく怖い」とあるが、なぜそう感じるようになったのか。八〇字以内で具体的に説明しなさい。

問七 ——線部④「そんな心の余裕」とあるが、どのような「余裕」か。「〜余裕。」となるように、適当な箇所を本文中から四〇字以内で探し、はじめと終わりの三字を抜き出して答えなさい。

問八 [C]に入るものを、次の中から一つ選び、記号で答えなさい。

ア 存在感　**イ** 高級感

ウ 統一感　**エ** 閉塞感

問九 ——線部⑤「こうした違い」とあるが、何の、どのような「違い」か。三〇字以内で具体的に説明しなさい。

問十 ——線部⑥「多様な文化を持つはずの地域に、同じような店や街並みが並び、似たりよったりの国へと変貌をとげるところがある」とあるが、この理由を筆者は何だと考えているか。[1]〜[4]段落の中から一〇字以内で抜き出して答えなさい。

【二】次の文章を読んで、後の問いに答えなさい。

中比《なかごろ》、市正《いちのかみ》時光と（ア）いふ笙《しやう》吹きありけり。茂光といふ篳篥師《ひちりきし》と

少し昔

（イ）囲碁《ゐご》を打ちて、同じ声に裏頭楽《くわとうらく》を唱歌《しやうが》にしけるが、①面白く覚え

裏頭楽という曲の旋律を口で唱えた

けるに、内よりとみの事にて時光を召しけり。

天皇が急用で時光をお呼び寄せになった

御使ひいたりて、此《こ》の由《よし》をいふに、いかにも、耳にも聞き入れず

只《ただ》もろともにゆるぎあひて、ともかくも申さざりければ、御使ひ、帰

ただ一緒に体を揺らして　何とも返事を申し上げなかったので、

を壊し、それぞれの個性を楽しむことに転換すべき時期なのではないでしょうか。

9 私自身が手術と治療生活を経て退院したときに感じたのは、③ふつうに健康が前提の世の中がひどく怖いという事実でした。改めて思うのは、これまでは何も考えずに平均の基準で暮らしてきたことです。

10 これから先は、どこまで仕事ができるのか、どこまで休めばいいのか、決めねばなりません。そして病を公表することにより、周りから「不治の病」と腫れ物に触るような目でみられ、「健康じゃないから、この仕事は無理だね」と言われるのではないかという不安と苦痛。これらをこの身で体験してはじめて、同じような心境で生きていた人たちに身をもって共感できるようになりました。

11 身をもって痛みを知る経験は、他人の痛みを知るためにも重要です。若い人たちは痛みを体験する（エ）キカイはまだ少ないかもしれませんが、自分の仲間内だけの世界にこもるのではなく、少しでも視野を広げようとする勇気があればそれでじゅうぶんだと思います。心の余裕のなさが、平均ですまそうというプレッシャーにつながるように思えてならないからです。

12 平均ですまそうということは、それぞれの個性を味わうことなく、表面的に処するやり方でもあるのでしょう。様々な個人を見極め尊重し、様々な個人の長所も短所も知りつくしながら過ごしていく。④そんな心の余裕作りたいものです。互いの違いを認めあい、互いの違いをみがきあう社会へと変わっていくことができたらと思うのです。

13 改めて世界を見渡すと、そこは多様性と単一性の入り交じりであることがわかります。渋谷の交差点は、外国人観光客の写真スポットとしてにぎわっています。スクランブル交差点を行き交うたくさんの人たちが、ぶつからずにうまくすれ違っていくことが不思議なのだと思います。

14 その背景もエキゾチックです。大きなスクリーンに映し出される広告映像や、色あざやかな様々な看板の数々。このような雑多な街並みは、日本や中国、台湾、韓国、インドネシア、マレーシアなどの東アジアでみられるものです。色あざやかで大小様々な看板が並び、ドラッグストアの商品がところせましと路上まではみだす風景が広がります。かたや欧米では、整然とした街並みが並びます。通りに使う色が制限されている街もあり、欧米は街並みの［C］を大切にするのです。

15 ⑤こうした違いがある一方で、どこの国に行っても同じようなチェーン店が並んでいます。「なんで日本はマクドナルドばかりあるの？」と質問をするイギリス人やイタリア人がいますが、そういう欧米の国でも最近はちょっとした（オ）田舎に行っても日本風のラーメン屋の店があったりします。⑥多様な文化を持つはずの地域に、同じような店や街並みが並び、似たりよったりの国へと変貌をとげるところがあるのです。

16 そんな多様性と統一性へのプレッシャーという二面性を持つこの世界をどう生き、どう変えていくか、みなさんの身体で感じていってほしいと思います。

（山口真美『こころと身体の心理学』）

問一 ═線部（ア）～（オ）の漢字はひらがなに、カタカナは漢字に直しなさい。

【国　語】〈四五分〉〈満点：一〇〇点〉

【一】次の文章は、がんを経験した心理学者によるものである。本文を読んで、後の問いに答えなさい。

なお、文頭に付した1～16は、段落番号を示している。

1 世界は多様になりつつある一方で、平均をよしとする圧力があります。心の余裕がなくなると、平均への暗黙の強要がさらに加速するようにみえます。この強要は日本社会に強いようで、精神科医の泉谷閑示によると「ふつうが一番」というのは A 人くらいだそうです。ふつうになれない苦しみから「ふつうになりたい」と診療所をたずねる患者は多いとのこと。そこで精神科医が「ふつうの人ってみたことがないのですが、どんな人ですか?」と聞き返すと、それに答えられる患者はいないそうです。

2 いったい、「ふつう」とは何なのでしょうか? 「平均」ならば、まだ考える糸口があります。コンピュータグラフィックスを使えば「平均顔」を作ることができます。作りあげた平均顔は、そこそこ魅力的です。進化心理学では、平均性と左右(ア)タイショウ性が顔の魅力として議論され続けています。

3 しかしながら平均顔は「そこそこ」魅力的ではあっても、絶対的な魅力ではありません。平均顔は、特徴がなくて忘れられやすいからです。人気のある芸能人やハリウッドスターたちは、平均からはずれたそれぞれの特徴を持っていて、その特徴が忘れられないその人の顔となっておぼえられているのです。

4 i 平均から逸脱した部分が、個性であり魅力となるのです。ですが B がなくなると、それぞれの個性をみる余裕もなくなっていき、「突出してはいけない」という暗黙の圧力が社会にはびこっていくのではないでしょうか。

5 ii 、社会のなかの多様性は進んでいます。医療技術が進み、様々な病が(イ)克服されるようになりました。早産児の生存率は格段にアップし、超未熟児で生まれた子どもたちの生存もまれではなくなっています。

6 生殖医療も進歩し、不妊治療による体外受精の数も増えています。日本産科婦人科学会の報告によると、国内初の体外受精が１９８３年に成功してから、２０１７年には5万６６１７人の子どもが体外受精により誕生し、この年に生まれた子どものおよそ16人に1人の割合になるそうです。また、脳出血や脳損傷の手術も進歩して、がんやエイズなどこれまで死の病とされた病気も克服されつつあります。

7 ですが、このような医療技術の進歩がそのままハッピーな社会につながるかというと、①一筋ではいかないのです。投薬や治療を続けながら暮らす人も多くなり、健康と病の中間層の人が増えているともいえます。様々な出生状況で生まれる子どもの数が増えるにともない、発達障害とよばれる子どもたちの数も増加しています。②先進国で発障害が問題されるのは、出生状況の変化が関係している面もあるでしょう。そのうえ寿命も延びて、高齢者の数も増えています。

8 実際のところ、日本社会はこれまでになく、多様な人々で(ウ)コウセイされているのです。たくさんの個性が社会にあふれています。そんな今は「ふつうが一番」とか「人はみな同じ」という心のバリア

2021年度

解 答 と 解 説

《2021年度の配点は解答欄に掲載してあります。》

＜数学解答＞

1 (1) $-\frac{1}{2}$ (2) $5\sqrt{3}$ (3) $\frac{4a-9b}{12}$

2 (1) $x=1,\ y=3$ (2) $2(x+5)(x-4)$ (3) $x=\frac{2\pm\sqrt{10}}{3}$ (4) $-48\leqq y\leqq 0$

(5) $\angle x=54°,\ \angle y=44°$ (6) $\frac{3}{8}$ (7) 18cm^2

(8) $S=144\pi\text{cm}^2,\ V=288\pi\text{cm}^3$

3 (1) (ア) 30 (イ) 6 (ウ) 0.2 (2) 42分

4 (1) 23 (2) 20個 (3) $a=34$

5 (1) $a=16$ (2) $y=2x+4$ (3) $S=12$ (4) $P(-1,\ 2)$

○推定配点○

1・2 各4点×13 3 (2) 6点 他 各2点×3 4 (3) 6点 他 各5点×2

5 各5点×4 計100点

＜数学解説＞

基本 1 (数・式の計算，平方根の計算)

(1) $-\frac{2}{3}+\frac{5}{12}\div\frac{5}{2}=-\frac{2}{3}+\frac{5}{12}\times\frac{2}{5}=-\frac{2}{3}+\frac{1}{6}=-\frac{4}{6}+\frac{1}{6}=-\frac{3}{6}=-\frac{1}{2}$

(2) $(\sqrt{24}+\sqrt{54})\div\sqrt{2}=(2\sqrt{6}+3\sqrt{6})\div\sqrt{2}=5\sqrt{6}\div\sqrt{2}=5\sqrt{3}$

(3) $\frac{2a-b}{4}-\frac{a+3b}{6}=\frac{3(2a-b)-2(a+3b)}{12}=\frac{6a-3b-2a-6b}{12}=\frac{4a-9b}{12}$

基本 2 (連立方程式，因数分解，2次方程式，2乗に比例する関数の変域，角度，確率，図形の計量問題)

(1) $2x+y=5$…① $5x-2y=-1$…② ①×2＋②から，$9x=9$ $x=1$ これを①に代入して，$2\times1+y=5$ $y=5-2=3$

(2) $2x^2+2x-40=2(x^2+x-20)=2(x+5)(x-4)$

(3) $3x^2-4x-2=0$ 二次方程式の解の公式から，$x=\frac{-(-4)\pm\sqrt{(-4)^2-4\times3\times(-2)}}{2\times3}=\frac{4\pm\sqrt{40}}{6}=\frac{4\pm2\sqrt{10}}{6}=\frac{2\pm\sqrt{10}}{3}$

(4) $y=ax^2$に$x=2,\ y=-12$を代入して，$-12=a\times2^2$ $4a=-12$ $a=-3$

よって，$y=-3x^2$ yは$x=0$のとき最大値0をとり，$x=-4$のとき最小値をとる。

$y=-3\times(-4)^2=-48$から，$-48\leqq y\leqq 0$

(5) △BADは二等辺三角形だから，$\angle x=180°-63°\times2=54°$ 平行線の同位角から，$\angle ABC=73°$ $\angle DBC=73°-54°=19°$ △DBCにおいて内角と外角の関係から，

$\angle y=63^\circ-19^\circ=44^\circ$

(6)　3枚の硬貨の表裏の出方は全部で，$2\times2\times2=8$(通り)　　そのうち，1枚だけ表が出る場合は，(表，裏，裏)，(裏，表，裏)，(裏，裏，表)の3通り　　よって，求める確率は，$\dfrac{3}{8}$

(7)　相似比が4:3から，$\triangle ABC:\triangle DEF=4^2:3^2=16:9$　　$32:\triangle DEF=16:9$

$\triangle DEF=\dfrac{32\times9}{16}=18(cm^2)$

(8)　立体は半径6cmの球になる。 $S=4\pi\times6^2=144(cm^2)$　　$V=\dfrac{4}{3}\pi\times6^3=288\pi(cm^3)$

3 (統計)

基本　(1)　(ア)は，$\dfrac{20+40}{2}=30$　　(イ)は，$20-(2+8+4)=6$　　(ウ)は，$\dfrac{4}{20}=0.2$

(2)　$\dfrac{10\times2+30\times8+50\times6+70\times4}{20}=\dfrac{840}{20}=42$(分)

4 (規則性)

基本　(1)　15行目は，15，17，19，21，23，…になるから，5列目の数は23

重要　(2)　40は，1行目から40行目までの偶数行目に1個ずつあるから，$40\div2=20$(個)

重要　(3)　aをxとすると，$b=x+2$，$c=x+1$，$d=x+3$　　$x+(x+2)+(x+1)+(x+3)=142$から，

$4x+6=142$，$4x=136$，$x=34$　　よって，求めるaの値は，$a=34$

5 (図形と関数・グラフの融合問題)

基本　(1)　$y=\dfrac{a}{x}$に点Aの座標を代入して，$-4=\dfrac{a}{-4}$　　$a=(-4)\times(-4)=16$

(2)　$y=\dfrac{16}{x}$…①　　①に$x=2$を代入して，$y=\dfrac{16}{2}=8$　　よって，B(2，8)

$\dfrac{8-(-4)}{2-(-4)}=\dfrac{12}{6}=2$から，直線ABの傾きは2　　直線ABの式を$y=2x+b$として点Aの座標を代入すると，$-4=2\times(-4)+b$　　$b=-4+8=4$　　よって，直線ABの式は，$y=2x+4$

(3)　直線ABとy軸との交点をCとすると，C(0，4)　　$\triangle AOB=\triangle AOC+\triangle BOC=\dfrac{1}{2}\times4\times4+\dfrac{1}{2}\times4\times2=8+4=12$

重要　(4)　点Pが線分ABの中点上にあるとき，$\triangle AOP=\triangle OPB$となる。

$\dfrac{-4+2}{2}=-1$，$\dfrac{-4+8}{2}=2$から，P(−1，2)

★ワンポイントアドバイス★

4 (3) は，b，c，d を a を使った式で表し，a の一次方程式として求めよう。

＜英語解答＞

[1]　(1)　ウ　　(2)　イ　　(3)　is not clean

(4)　再び自然を美しくすることは大切であるという考え　　(5)　イ・エ

(6)　1)　Yes, they do.　　2)　His brother did.

(7)　答えの文　(例)　I like summer(better than winter).
　　理由の文　(例)　Because I can swim in the sea.

[2]　(1)　ア　(2)　ウ　(3)　イ　(4)　エ　(5)　イ　(6)　ア　(7)　ウ

[3]　(1)　ア　(2)　ウ　(3)　イ　(4)　ア　(5)　イ

[4]　(1)　ウ　(2)　イ　(3)　ア　(4)　ウ　(5)　イ　(6)　エ　(7)　ア
(8)　ウ

[5]　(1)　holiday　(2)　different　(3)　hungry　(4)　nurse　(5)　library

[6]　(1)　ウ　(2)　ア　(3)　エ　(4)　3歳未満の子ども

[7]　(1)　ア・カ　(2)　イ・エ　(3)　エ・ウ　(4)　オ・イ　(5)　ウ・カ

[8]　(1)　can speak Japanese,well　(2)　will come,Niigata

○推定配点○

[1](1)・(2)・(5)　各2点×4　他　各3点×6　[2]～[7]　各2点×34
[8]　各3点×2　計100点

<英語解説>

[1]　(会話文―語句補充・選択，書き換え，内容吟味，英問英答，条件英作文―比較，接続詞)

(全訳)　Toshi：ジム，ついに私たちは海に着いたね。青空にはたくさんの種類の鳥が飛んでいて，海にはたくさんの美しい魚が泳いでいるよ。

Jim　：何て青い海なんだ！泳いでいる人もいれば，ビーチで遊んでいる人もいるね。彼らはとても幸せそうに見えるよ。

Toshi：このビーチはとても人気で，たくさんの人が毎年の夏ここにやって来るんだ。

Jim　：私は母国にいた時，①街近くの多くの日本の海は，ごみで汚れていると聞いていた。しかし，このビーチはとても美しいね。

Toshi：うん，そうだね。えっと，あなたは数年前にここで起こった重油事故について知っている？

Jim　：いいえ。何があったの？

Toshi：タンカーが事故を起こして，そこから重油がビーチに流れてきたんだ。

Jim　：②それは最悪だ！その時，人々は何をしたの？

Toshi：彼らは海をとても心配したんだ。とても寒い冬だったけど，多くの人々がビーチをキレイにするため，ボランティアとして一生懸命働いたんだ。

Jim　：本当？あなたもキレイにしたの？

Toshi：うん。私はその時，10歳だった。私は兄とここにやって来て，ビーチをキレイにしたんだ。私の手や靴は汚れて，とても疲れたよ。しかし私は幸せだった，なぜなら海を助けるために多くの人々と一緒に働くことできたから。それ以来，私たちは「海岸清掃キャンペーン」をした。毎年の夏，私たちは数時間一生懸命働き，ビーチのゴミを集めるんだ。

Jim　：それはいいね。ワカシロ号と呼ばれる船も，7月25日に，モーリシャス珊瑚礁に衝突して，8月6日に，重油が流れ始めたんだ。③珊瑚礁はキレイな海にのみ生息することができるんだ。キレイな水は彼らの環境にとって重要な部分なんだ。多くの地元の人々はビーチをキレイにした。私は自然美をもう一度作ることは重要だと思うよ。

Toshi：賛成だよ。私は多くの人々が環境について考え，このビーチに再び来ることを願っている。さあ，ジム，泳ごう！

Jim　：いいね。行こう！

(1)　ア「キレイにした」　イ「育てた」　ウ「あった」　エ「働いた」

(2)　Toshi から重油事故があったと聞いて，Jim は感想を述べている。

(3)　傍線部を訳すと，「珊瑚礁はキレイな海にのみ生息することができるんだ」となる。逆に言えば，キレイな海でなければ珊瑚礁は生息できないということになる。

(4)　6つめの Jim のセリフの最後の文に「I think it's important for us to make nature beautiful again.」という内容から読み取る

(5)　ア「ジムは母国にいた時，重油事故について知っていた」　イ「重油事故が起こった時，とても寒い冬だった」　ウ「Toshi と Jim は重油事故の時，海を助けるためにキャンペーンに参加した」　エ「Toshi は幸せだった，なぜなら彼は多くの人々と一緒にビーチをキレイにしたから」　オ「海岸清掃キャンペーンは 10 年前に始まった」

(6)　1)「たくさんの人々が毎年の夏，ビーチに行きますか ?」2つめの Toshi のセリフから読み取る。　2)「数年前，ビーチをキレイにするために Toshi と言ったのは誰ですか ?」6つめの Toshi のセリフから読み取る。

(7)　まず，summer もしくは winter どちらかが好きかを明確に答える。その次に「Because」と始め，なぜ好きなのかを指定語数以上で答える。

[2]　(語句補充・選択ー不定詞，動名詞，現在完了，比較，受動態)

(1)　「now」(今) とあるので，現在のことである。また，主語は her sister (彼女の姉もしくは妹) となるので，単数である。

(2)　「many places」に修飾するので，不定期の形容詞的用法。

(3)　「like ～ ing」(～するのだ好きだ)

(4)　「Have you ever 過去分詞～ ?」(あなたは今まで～したことありますか ?)

(5)　than が用いられているので，比較級 (形容詞・副詞＋ er)。

(6)　「every Sunday」(毎週日曜日) となるので，現在のことである。また，主語は My father (私の父) となるので，3人称単数である。

(7)　「アフリカで話されている言語は何ですか ?」という訳が適当なので，be 動詞＋過去分詞の受動態。

[3]　(アクセント)

(1)　bjúːtəfəl　(2)　ʌ̀ndərstǽnd　(3)　təgéðər　(4)　íntərəstiŋ　(5)　ikspíəriəns

[4]　(語句補充・選択ー不定詞)

(1)　A「公園での街の祭りは何時から始まるの ?」B「午前 9 時だよ。まだ 30 分あるよ」A「バスに乗ろうと考えている」B「(　①　) 公園まで歩けるよ」　ア「はい，私は乗るべきだね」　イ「はい，降りなくてはなりません」　ウ「いいえ，それに乗る必要はないわ」　エ「いいえ，まだそこに到着していないわ」

(2)　A「今日はとても寒いね」B「何か温かい飲み物を作りましょうか ?」A「(　②　) 温かいミルクを飲みたいわ」　ア　「どういたしまして」　イ　「ええ，お願いするわ」　ウ　「心配しないで」　エ　「いいえ，結構です」

(3)　B「ラケットが見つからないわ」　ア　「どうしたの ?」　イ　「何がほしいの ?」　ウ　「何

を考えているの？」 エ 「何をしようしているの？」

(4) A「今日は水曜日だね。今日から2日後は何かな？」 ア 「月曜日です」 イ 「火曜日です」 ウ「金曜日です」 エ「土曜日です」

(5) A「すいません。このバスは東京へ行きますか？」B「いいえ，行きません。」 ア 「大阪へ行きます」 イ 「大阪へ行きます」 ウ 「大阪へ行きました」 エ 「私は大阪へ行きます」 アとイの違いは英文で go か goes かである。主語は It なので，3人称単数となり，goes が適当。

(6) A「今日の午後何をする予定？」B「まだ何も決めていないよ」A「それなら一緒に買い物に行きましょう」 ア 「よい一日を」 イ 「私は今日の午後忙しいです」 ウ 「分かりません」 エ 「いいよ。良さそうね」

(7) A「こんにちは」B「こんにちは。こちらはリサです。マイクと話してもいいですか？お願いします」A「ごめんなさい，彼は外出中なの。伝言はありますか？」「(⑦) ありがとう」 ア 「いいえ，後でかけ直します」 イ 「いいえ，学校へ出発します」 ウ 「いいよ。その時会いましょう」 エ 「いつあなたは戻ってきますか？」

(8) A「あなたの辞書を使ってもいいですか？自分のを忘れたの」 ア 「ありがとう」 イ 「それらに対して新人です」 ウ 「もちろん」 エ 「いいよ。真っ直ぐ行って」

[5] **(単語—関係代名詞，不定詞，接続詞)**

(1) 人々が仕事や学校に行く必要のない日

(2) 同じではない

(3) あなたが何か食べたい時

(4) 病院で医者と一緒に病気の人々を世話する人

(5) あなたが読んだり借りたりできる本のある部屋や建物

[6] **(読解問題—内容吟味—助動詞)**

(全訳)

> スケート部は新しい部員がほしい！
> Chuetsu スケートクラブ
> クラブへ新しい部員ようこそ！
>
> このクラブは20年の歴史があり，クラブには多くの有名な部員がいます。会員は1年間です。
>
> ●会員ができること：
> ・無料で飲み物が飲めます。　・ひと組のスケート靴が借りられます。
> ・より低い値段でレッスンが受けられます。
> ●会員費用
> ・3～12歳：50ドル　・13～59歳：100ドル　・60歳以上：60ドル
>
> 皆さんに来てほしいですが，3歳未満の子どもは会員になれません。

(1) 4行目に「a 20 year history」とある。

(2) 「Members can」の内容を読み取る。

(3) 「Members costs」の内容を読み取る。

(4) 「under」は～より下のという意味。

[7] (語句整序―不定詞，進行形，動名詞，関係代名詞，現在完了)

(1) (His brother) often goes to the store to help his uncle.

(2) Izumi in watching a soccer game on TV (now.)

(3) Having lunch with my friends is fun.

(4) Is this the map which shows the way to the station (?)

(5) I have had a cat since last year.

[8] (条件英作文―助動詞)

(1) 「can ～」(～できる)「well」(上手に)

(2) 「will ～」(～するつもりだ，～する予定だ)

★ワンポイントアドバイス★

読解問題など，じっくり取り組みたい問題に時間をかけられるように，文法問題や会話文の返答，整序問題は時間を意識して解こう。また英文法を1年生で学習した内容から何度も見直しておこう。

＜国語解答＞

【一】 問一 (ア) 対称　(イ) こくふく　(ウ) 構成　(エ) 機会　(オ) いなか

問二 A 日本　B 心の余裕　問三 i ウ　ii ア　問四 ア

問五 イ　問六 筆者はがんになって，周りから腫れ物に触るような目で見られたり，健康でないから仕事ができないと判断されたりするのではないかという，不安と苦痛を体験したから。　問七 様々な～ていく　問八 ウ　問九 東アジアと欧米の，街並みが雑多か整然としているかの違い。　問十 平均をよしとする圧力

【二】 問一 (ア) いう　(イ) いご　(ウ) くちおしき　問二 エ　問三 1 ウ

2 天皇のお呼び寄せを聞き入れず，ただ体を揺らして何とも返事をしなかったこと。

問四 1 ウ　2 ア　3 ア　問五 1 いかな～あらん　2 イ

【三】 ① イ　② オ　③ ア　④ エ　⑤ カ　⑥ キ　⑦ ク　⑧ ケ

⑨ ス　⑩ セ

○推定配点○

【一】 問三～問五・問八 各2点×5　問六 8点　問九 5点　他 各3点×9

【二】 問一・問五 1 各3点×4　問三 2 6点　他 各2点×6　【三】 各2点×10

計100点

＜国語解説＞

【一】 (論説文―漢字の読み書き，接続語の問題，語句の意味，内容吟味，脱文・脱語補充)

問一 (ア) 「対称」とは，ものとものとが互いに対応しながらつりあいを保っていること。

（イ）「克服」とは，努力して困難にうちかつこと。（ウ）「構成」とは，いくつかの要素を一つのまとまりのあるものに組み立てること。また，文芸・音楽・造形芸術などで，表現上の諸要素を独自の手法で組み立てて作品にすること。（エ）「機会」とは，事をするのに最も都合のよい時機。（オ）「田舎」とは，都会から離れた地方。また，田畑が多くのどかな所，生まれ故郷を表す。

問二　A　［A］の前に「この（平均への暗黙）の強要は日本社会に強い」とあることから，抜き出す。　B　［B］の前に「心の余裕がなくなると，平均への暗黙の強要がさらに加速する」とあることから判断する。

問三　i　［i］の前後に，「平均からはずれたそれぞれの特徴をもつ」「平均から逸脱した部分が，個性であり魅力となる」とあることから，同意ととらえられる。

ii　［ii］の前では「突出してはいけない」という個性を消す社会とあり，後では社会の多様化（個性の承認）という部分が語られているので，逆の意味である。

問四　「一筋縄ではいかない」とは，定石どおりの普通のやり方では思い通りにならないさまなどを意味する表現。

問五　病気や，投薬，平均寿命は生きる上で重要な事であり，出生との関係はほとんどない。

問六　第10段落で，筆者が手術と治療生活を経て，元の生活に戻る際の体験談が述べられている。

問七　傍線部の前になる「様々な個人を見極め尊重し，様々な個人の長所も短所も知りつくしながら過ごしていく」という部分に注目する。

問八　［C］の前にある「整然とした街並み」という内容から，選択肢を選ぶ。

問九　第14段落で，東アジアと欧米における街並みの違いについて述べられているので，その内容をまとめる。

問十　「似たりよったりの国へと変貌をとげる」とは，個性をなくし，「突出してはいけない」という暗黙の圧力であり，また平均をよしとする圧力である。

【二】（古文ー仮名遣い，文脈把握，内容吟味，用法）

＜口語訳＞　少し昔，市正時光という笙の吹き手がいました。茂光という篳篥の笛の演奏家と囲碁を打ちながら，一緒に篳頭楽という曲の旋律を口で唱えたところ，面白く感じて，天皇が急用で時光をお呼び寄せになった。

（天皇の）使いがやってきて，この旨を言うと，決して，耳にも聞き入れずただ一緒に体を揺らして，何とも返事を申し上げなかったので，使いは，（天皇の元に）戻って，この旨をありのままに申し上げる。どのような処罰があるのだろうかと使者が思っていたところ，「とても興味深い者たちなことよ。そのように音楽に夢中になって，他のことは忘れてしまうぐらい没頭していることこそ，尊いことだ。王位というのはおもしろくないものであることよ。（2人のもとに）行って聞くことができないことよ」と涙みなさったので，（使いは）思いがけないことであったのでした。

この人たちのことを考えると，この世の俗事を思い切るためには，数奇は有効な手段となるに違いない。

問一　（ア）　語の途中や語尾のハ行はワ行で読む。（イ）「ゐ」は仮名遣いで「い」で表される。（ウ）「を」は仮名遣いで「お」と読む。

問二　傍線部前の篳篥楽という曲の旋律を口で唱えたことが面白かったのである。

問三　1　傍線部の前に，使いが帰って，天皇に申し上げたという文脈である。　2　傍線部前の使いと，時光・茂光のやり取りに注目して，文章をまとめる。

問四　1 「いと」は，とても，大変，非常にという意味。　2　天皇は急用で時光を呼び寄せたにもかかわらず，一緒にいた茂光まで返事もせずにただ音楽に夢中であった様子をとらえる。　3　傍線部の後に，音楽に夢中で，何事も忘れているという内容があるので，その箇所を読み取る。

問五　1　使いは天皇の指示を無視した，時光と茂光に対して，どのような処罰が下るかと思っていたが，何事もなかったので，思いがけないことであったとしている。　2　係り結びは文の内容を強調したり，疑問を表したりするために使う。文中に「ぞ・なむ・や・か・こそ」が出れば，文末の活用形が連体形や已然形になる。

【三】（説明文―脱文・脱語補充）

① 「小学生の日常生活・学習に関する調査（1989年調査）」の「全体」「行っている」項目を見る。　② 「全体」「行ってない」項目を見る。　③ 「小学生の日常生活・学習に関する調査（1989年調査）」の「全体」「学校以外で行っている習い事（勉強やスポーツなど）はない」の項目を見る。　④ 「小学6年生」「行っていない」の項目を見ると，1989年調査では58.7%，2019年調査は2.0%となっており，その差を求める。　⑤ 「小学生の日常生活・学習に関する調査（2019年調査）」の「全体」の中，最も数値が高いのは「水泳」である。　⑥ 2番目に数値が高いのは「受験・学校の補習のための塾」である。　⑦ 3番目に数値が高いのは「通信教育」である。　⑧ 女子の中で3番目に数値が高いのは「音楽教室（歌や楽器など）」である。　⑨ 男子の中で5番目に数値が高いのは「サッカー・フットボール」である。　⑩ 「小学生の日常生活・学習に関する調査（2019年調査）」の学年が上がるにつれて習う人が増えているのは，3.5%，6.0%，6.5%となっている「武道」である。

★ワンポイントアドバイス★

長文読解では，要旨・主題，文章理解がよく出題されるので，内容を把握し，必要な部分を抽出して指定された字数にまとめる記述問題に数多く取り組もう。

2020年度

★★★★★★★★★★★★★★★★★★★★★★★★

入　試　問　題

2020年度

中越高等学校入試問題

【数　学】（45分）〈満点：100点〉

1　次の計算をしなさい。

(1)　$2\times(-3)$

(2)　$-\dfrac{2}{3}\times\dfrac{1}{6}\div\dfrac{5}{12}$

(3)　$(\sqrt{3}+\sqrt{8})(\sqrt{27}-\sqrt{32})$

(4)　$\dfrac{x+3y}{5}+\dfrac{-2x-4y}{3}$

2　次の各問いに答えなさい。

(1)　等式$-3a+2b-4c=0$をaについて解きなさい。

(2)　連立方程式 $\begin{cases} x-3y=1 \\ -2x+4y=4 \end{cases}$ を解きなさい。

(3)　$x^2+2x-24$を因数分解しなさい。

(4)　2次方程式$4x^2-6x+1=0$を解きなさい。

(5)　下の図のような，平行な2直線ℓ，mにおいて$\angle x$と$\angle y$の大きさを求めなさい。

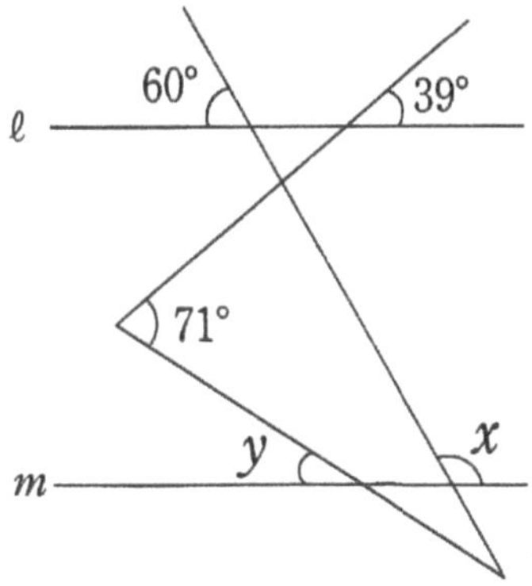

(6)　1つのさいころを2回投げるとき，1回目と2回目の出た目の数の和が6の約数になる確率を求めなさい。

(7)　右の図は直方体から小さい直方体を切り取った立体である。この立体の表面積Sと体積Vを求めなさい。

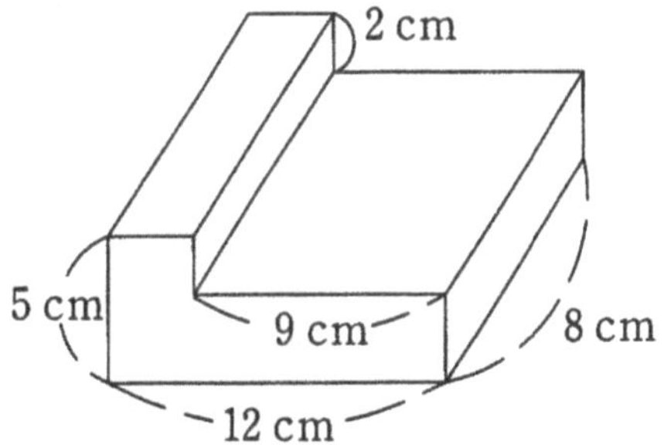

3 次の図において，$\angle x$と$\angle y$の大きさを求めなさい。ただし，点Oは円の中心である。

(1)

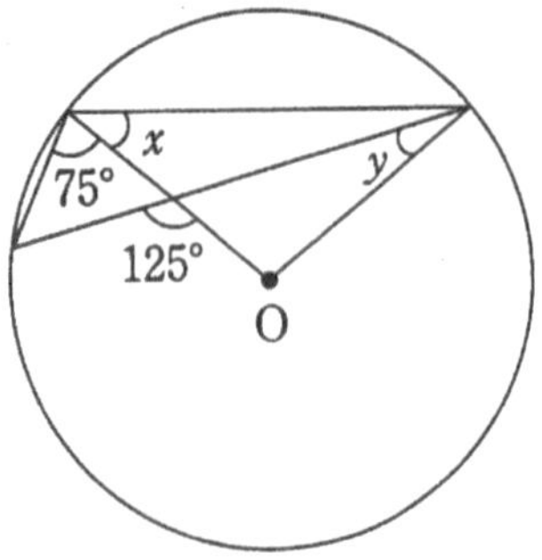

(2)

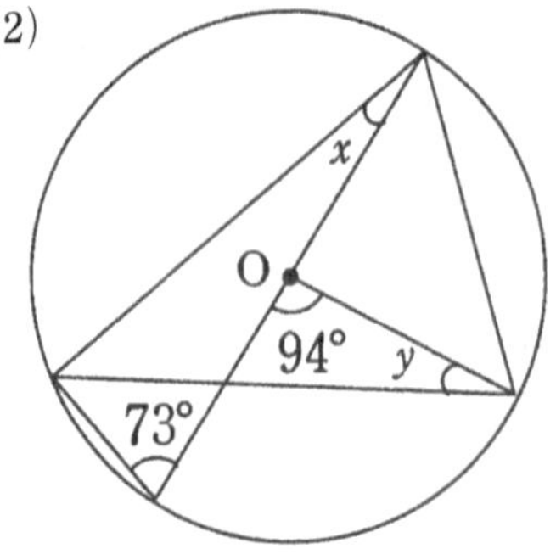

4 赤色，白色，青色のビーズがたくさんある。このビーズを使って，下の図のように，まず赤色のビーズを1個，次に白色のビーズを2個，さらに青色のビーズを3個という順で，1本の糸に繰り返し通していくとき，次の問いに答えなさい。

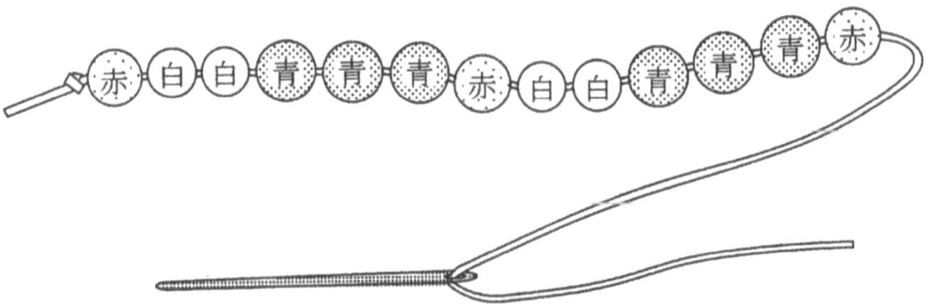

(1) 糸に通した21個目と22個目のビーズの色はそれぞれ何色か，求めなさい。

(2) 全部で100個のビーズを糸に通したとき，赤色，白色，青色のビーズを，それぞれ何個通したか，求めなさい。

(3) 最後に糸に通したビーズの色は赤色であった。通した赤色のビーズを数えると，全部でn個であった。糸に通したすべてのビーズの個数を，nを用いて表しなさい。

5 右の図のように放物線$y=ax^2\,(a>0)$と直線ℓが点$A(-2,\ 2)$と点Bとで交わり，直線ℓとx軸は点Cで交わっている。$CA:AB=1:3$のとき，次の問いに答えなさい。

(1) aの値を求めなさい。

(2) 点Bの座標を求めなさい。

(3) $\triangle AOB$の面積Sを求めなさい。

(4) 点Pが線分AB上を点Aから点Bまで動くとき，$\triangle AOP$の面積と$\triangle OPB$の面積が等しくなるような点Pの座標を求めなさい。

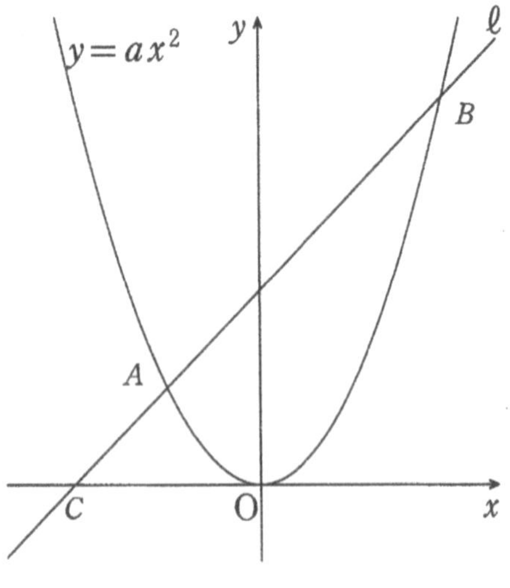

【英　語】（45分）〈満点：100点〉

［1］　次の英文を読んで，下の(1)～(7)の問いに答えなさい。

Miyuki is a high school student. She likes studying English and she is very interested in America. Last summer she went to *Illinois to study English. She stayed with Mr. and Mrs. Brown for four weeks.

When Miyuki arrived at their home Mrs. Brown said to her, "This is your home in America, Miyuki. There is some food in the kitchen. If you are hungry, please eat." Miyuki didn't think it was good to go into the kitchen and eat Mr. and Mrs. Brown's food on the first day. She was very hungry and she wanted to eat something, but ①she couldn't.

In the evening, Mrs. Brown was making dinner in the kitchen. (　　A　　)

The next day Miyuki was invited to Beth's home for lunch. Beth lived near Mr. and Mrs. Brown's house. Miyuki enjoyed the lunch and ate too much. After lunch, Beth said to her, "Would you like some cake? My mother made it for you." ②Miyuki didn't want to eat anything, but she couldn't say it to Beth and said, "(　　B　　)" Then Beth's mother said to Miyuki, "Would you like some coffee?" Miyuki didn't like coffee, but she couldn't say "No, thank you." She tried to eat the cake and drink coffee but she couldn't. Soon Beth found that she didn't eat or drink anything and said, "Miyuki, if you don't want them, please say so. You should say, "No" when you have to say it. It is important for us to say "(　　C　　)" *clearly. If you don't say what you want to do or what you don't want to do, you won't enjoy your time here." "Oh, I see. ③I'll try that," said Miyuki.

When you go to a foreign country, you will find some new things that you don't know about from your country. Miyuki has found that people in America say "Yes" or "No" clearly. In foreign countries, it is important ④to learn different customs. If you learn more about them, you will know foreign countries and also your own country better.

*Illinois：イリノイ（アメリカ合衆国の州）　　clearly：はっきりと

(1)　下線部①について，ミユキは何をすることができなかったのか，日本語で説明しなさい。

(2)　文中のAに入る英文として，以下の英文を正しい順番に並べかえ，解答欄に符号で書きなさい。

ア．Then Mrs. Brown went to her room and said, "Can you help me, please?"

イ．Miyuki was surprised to find that they already felt she was a member of their family.

ウ．Miyuki was reading a book in her room.

(3)　下線部②の理由が書いてある1文を本文中から英語で抜き出しなさい。

(4)　文中のB，Cの（　　）の中に入る最も適当なものを，それぞれ次のア～オから一つずつ選び，その符号を書きなさい。

ア．Coffee, please　　イ．No, thank you.　　ウ．"Yes" or "No"

エ．Yes, please.　　オ．Yes, she did.

(5)　下線部③で，ミユキはこれからどうしようと言っているのか。最も適当なものを，次のア～エから選び，その符号を書きなさい。

ア．ほしくてもがまんして"No"と言う　　イ．ほしくないときには"No"と言う

ウ．ほしくないときでも"Yes"と言う　　エ．どんなときでも"Yes"と言う

(6) 下線部④について，このことは，どのようなことに役立つか，本文の内容に沿って日本語で書きなさい。

(7) 今年の冬，あなたがアメリカのブラウンさんの家にホームステイすることになったとします。お世話になるブラウンさんに自己紹介の手紙を英語で書きます。①には自分の年齢(英数字)を述べる英文を，②には自分は何をすることが好きなのかをそれぞれ2語以上で，以下の英文に続けて解答欄に書きなさい。＊＊＊の部分には，あなたの名前が書かれているものとします。

> Dear Mr. Brown
>
> Hello. My name is ＊＊＊. ____①____. I like ____②____.
>
> See you soon.
>
> Yours,
>
> ＊＊＊

［2］ 次の各単語で最も強く発音される部分を1つ選び，符号で答えなさい。

(1) re-mem-ber
ア イ ウ

(2) Jap-a-nese
ア イ ウ

(3) tra-di-tion-al
ア イ ウ エ

(4) won-der-ful
ア イ ウ

(5) dic-tion-ar-y
ア イ ウ エ

(6) mu-se-um
ア イ ウ

(7) u-su-al-ly
ア イ ウ エ

(8) dif-fer-ent
ア イ ウ

(9) to-mor row
ア イ ウ

(10) hos-pi-tal
ア イ ウ

［3］ 次の①～⑩の空欄に当てはまる最も適切な文を下から1つ選び，符号で答えなさい。

(1) A：(①)
B：Yes. Do you have this in different colors?
A：Sure. We have red and white.

ア．I'm sorry.　　イ．See you later.
ウ．How much is it?　　エ．May I help you?

(2) A：Happy birthday, Tom! This is for you.
B：Thank you. (②)
A：Sure. I hope you like it.

ア．May I open it?　　イ．This is for you, too.
ウ．When is your birthday?　　エ．You shouldn't give me anything.

(3) A：Did you see my notebook?
B：No, I didn't. (③)
A：Yes. I can't find it in my room.

ア. Are you ready?	イ. Have you lost it?
ウ. May I use it?	エ. How are you?

(4) A：Would you like to go to the zoo with me next Sunday?
B：Sure. Where will we meet?
A：(　④　)

ア. Nice to meet you.	イ. I went there yesterday.
ウ. Let's meet at the station.	エ. I'm sorry you can't.

(5) A：What are you doing?
B：I'm looking at the world map. My dream is to travel around the world.
A：I see. (　⑤　)
B：It's China. I'm very interested in it.

ア. Where do you want to go first?	イ. How can you go there?
ウ. When did you go to China?	エ. Do you like to look at world maps?

(6) A：What time is it now?
B：(　⑥　)
A：Thank you.

ア. Next month.	イ. Today is Sunday.
ウ. For three years.	エ. It's five o'clock.

(7) A：Are you and Takao on the same basketball team?
B：(　⑦　) We always practice together.

ア. Yes, we are.	イ. No, we aren't.
ウ. Yes, they are.	エ. No, they aren't.

(8) A：Excuse me. Where can I get a taxi?
B：Well... do you know the new bookstore on this street?
A：No, I don't.
B：All right. (　⑧　)

ア. Thank you so much.	イ. That's a good idea.
ウ. It took ten minutes.	エ. I'll go with you.

(9) A：Did you watch the baseball game last night?
B：Well, I wanted to watch it but I couldn't.
A：(　⑨　)
B：I was sleeping in bed because I was sick.

ア．I'm glad you watched it.　　イ．What were you doing?
ウ．Why were you watching it?　　エ．I enjoyed the game with you.

(10) A：Can you use a computer?
B：(　⑩　)

ア．Yes, I am.　　イ．Yes, I will.
ウ．Yes, I did.　　エ．Yes, I can.

［4］ 次の各文の(　)内から最も適切なものを1つ選び，番号で答えなさい。

(1) (1. Be　2. Are　3. Do　4. Does) they speak English in Australia?
(2) This is your watch. It is not (1. I　2. my　3. me　4. mine)
(3) We (1. may　2. have　3. will　4. must) to study math.
(4) Ted finished (1. write　2. writes　3. wrote　4. writing) his letter.
(5) Don't (1. swim　2. swam　3. swimming　4. to swim) in this lake.
(6) It is (1. for　2. too　3. more　4. and) hot to study.
(7) He goes to the station (1. by　2. on　3. in　4. with) bus.
(8) Makoto always (1. come　2. comes　3. coming　4. to come) to school at eight.
(9) I like Chinese food. How (1. about　2. of　3. for　4. with) you?
(10) Tomo speaks English (1. good　2. well　3. better　4. best) than I.

［5］ A-Bの関係とC-Dの関係が同じになるように，空欄Dに入る適切な単語を答えなさい。

	A	-	B	C	-	D
(1)	long	-	short	light	-	(　　)
(2)	speak	-	spoke	fly	-	(　　)
(3)	hear	-	ears	see	-	(　　)
(4)	two	-	second	five	-	(　　)
(5)	by	-	buy	eight	-	(　　)

［6］ 次の(1)〜(5)の日本語の意味を表す英文になるように(　)内の語(句)を並べかえ，[1]と[2]に入る語(句)の符号を順に答えなさい。ただし，文頭に来る語も小文字で書いてあります。

(1) 明日は寒くならないでしょう。

______ [1] ______ ______ [2] ______.

(ア. be　イ. cold　ウ. it　エ. not　オ. tomorrow　カ. will)

(2) 東京には見るべきたくさんのものがあります。

______ [1] ______ ______ [2] ______.

(ア. are　イ. in Tokyo　ウ. many things　エ. see　オ. there　カ. to)

(3) さえはクラスの中で一番上手に歌を歌うことができます。

＿＿＿＿ [1] ＿＿＿＿ ＿＿＿＿ [2] ＿＿＿＿.

（ア．can　イ．her class　ウ．in　エ．Sae　オ．sing　カ．the best）

(4) あなたはどのくらい長くこの町に住んでいますか？

＿＿＿＿ [1] ＿＿＿＿ ＿＿＿＿ [2] ＿＿＿＿?

（ア．in　イ．how long　ウ．have　エ．lived　オ．this town　カ．you）

(5) 英語を勉強することは私たちにとって重要です。

＿＿＿＿ [1] ＿＿＿＿ ＿＿＿＿ [2] ＿＿＿＿.

（ア．English　イ．for us　ウ．important　エ．is　オ．it　カ．to study）

第4回　男子児童		
順位（前回）	職業	票数
1（1）	野球選手・審判など	120
2（2）	サッカー選手・指導者	111
3（8）	ゲーム関連（クリエーターなど）	32
4（4）	医師	31
5（3）	学者・研究者など	29
6（5）	その他スポーツ	24
7（11）	バスケットボール選手など	21
8（20）	警察官・警察関連	18
8（16）	コック・料理人など	18
10（12）	大工	17

第10回　男子児童		
順位（前回）	職業	票数
1（2）	サッカー選手・監督など	186
2（3）	野球選手・監督など	148
3（1）	医師	104
4（4）	ゲーム制作関連	71
5（15）	建築士	48
6（7）	バスケットボール選手・コーチ	46
7（12）	教師	40
8（6）	警察官・警察関連	39
8（17）	水泳選手・コーチ	39
10（10）	テニス選手・コーチ	38

第四回の結果を見ると、前回の調査から最も大きく順位を変えたのが、「男子児童」では〔 ① 〕、「女子児童」では〔 ② 〕である。同様に、第十回「男子児童」においては、〔 ③ 〕や、それに次ぐ〔 ④ 〕が急上昇していると言える。
また、第四回で人気を得ていた職業で、第十回の「トップ10」からは姿を消したものもある。第四回の順位に基づいて上から挙げていくと、「男子児童」における〔 ⑤ 〕、〔 ⑥ 〕、「女子児童」における〔 ⑦ 〕、〔 ⑧ 〕である。第十回「女子児童」で新たに「トップ10」入りしたものには、上から順に、薬剤師、〔 ⑨ 〕、〔 ⑩ 〕がある。

《選択肢》
ア　看護師
イ　美容師・ヘアメイク
ウ　コック・料理人など
エ　保育士
オ　幼稚園教諭
カ　教師
キ　学者・研究者など
ク　獣医
ケ　絵本作家・作家
コ　サッカー選手・指導者
サ　野球選手・審判など
シ　テニス選手・コーチ
ス　バスケットボール選手など
セ　水泳選手・コーチ
ソ　その他スポーツ
タ　漫画家
チ　ゲーム関連（クリエーターなど）
ツ　建築士
テ　大工
ト　警察官・警察関連

問一　――線部①「ゐ」・――線部⑤「死なむ」を現代かなづかいに直し、すべてひらがなで答えなさい。

問二　――線部②「定めてよも人には非じ」とあるが、その意味として適切なものを、次のなかから一つ選び、記号で答えなさい。

ア　まさか、人間ではあるまい。

イ　言うまでもなく、人間である。

ウ　まちがいなく、人間であるだろう。

エ　はたして、人間といえるだろうか。

問三　――線部③「問ければ」とあるが、A「誰から」B「誰に対して」か。それぞれ次のなかから一つ選び、記号で答えなさい。

ア　木伐人共　　イ　尼共　　ウ　天狗　　エ　鬼神

問四　――線部④「此れ」の指し示す内容を、本文中から抜き出して答えなさい。

問五　――線部⑥「いと怪しき事」とあるが、その内容として適切なものを、次のなかから一つ選び、記号で答えなさい。

ア　花を摘んで仏にお供えするために山に入ったこと

イ　皆で山に入ったら、道に迷って出られなくなったこと

ウ　茸を食べたところ、とてもおいしかったこと

エ　茸を食べてから、自然に舞い出すようになったこと

問六　――線部⑦「互に舞つつなむ咲ける」とあるが、係り結びの組み合わせとして適切なものを、次のなかから一つ選び、記号で答えなさい。

ア　互に ―― なむ　　イ　なむ ―― ける

ウ　つつ ―― なむ　　エ　咲 ―― ける

問七　――線部⑧「極て不審き事」の内容について、「舞茸」の語句を使い、解答欄に合う形で七十字以内で説明しなさい。

問八　[2]の本文には、「　」が省略されている部分が一箇所ある。その部分の最初と最後の文字を、それぞれ三字ずつ抜き出して答えなさい。

【三】次の表は、日本FP協会の調査による「小学生の『将来なりたい職業』ランキングトップ10」であり、現在の中学校三年生が小学校に入学する前年（第四回）と、小学校六年生だった年（第十回）のものである。これらの表から読み取れる内容について述べた文章の空欄①から⑩に入る語句として適切なものを、それぞれ《選択肢》のなかから一つ選び、記号で答えなさい。

第４回　女子児童

順位（前回）	職業	票数
1（1）	パティシエ・ケーキ屋など	99
2（2）	保育士	64
3（6）	看護師	48
4（4）	医師	41
4（3）	教師	41
4（5）	デザイナー各種	41
7（7）	漫画家	28
8（19）	その他スポーツ	27
9（11）	美容師・ヘアメイク	26
10（7）	絵本作家・作家	24

第10回　女子児童

順位（前回）	職業	票数
1（5）	保育士	133
2（1）	医師	117
3（2）	パティシエール	110
4（7）	看護師	96
5（3）	薬剤師	73
6（6）	獣医	70
7（4）	教師	69
8（12）	ファッション関連（デザイナー等）	68
9（7）	美容師	59
10（15）	幼稚園教諭	44

2　「まだ一つのピースでしかなかった」とあるが、その「ジグソーパズル」の完成形（アランの最終目標）は、何が、どのようになることか、本文の内容をふまえて答えなさい。

問七　――線部⑥「彼の長い旅」とは、どのようなものか。本文中から四十字以内で抜き出して答えなさい。

【二】次の文章を読んで、後の問いに答えなさい。

1 今は昔、京に有《あり》ける木伐人共《きこりびとども》数《あまた》、北山に行《ゆき》たりけるに、道を踏違《ふみたがへ》て、何方《いづかた》へ行くべしとも思《おぼ》えざりければ、四・五人許《ばかり》、山の中に①ゐて歎《なげき》ける程に、山奥の方より、人数《あまた》来ければ、「怪《あやし》く。何者の来るにか有らむ」と思《おもひ》ける程に、尼君共《あまぎみども》の四・五人許《ばかり》、いみじく舞ひかなでて出来《いでき》たりければ、木伐人共、此《こ》れを見て、恐《お》ぢ怖れて、「此《こ》の尼共の此《か》く舞ひかなでて来《きた》るは、②定めてよも人には非《あら》じ。天狗《てんぐ》にや有らむ、亦鬼神《またおにがみ》にや有らむ」となむ思《おもひ》て、見ゐたるに、此の舞ふ尼共、此の木伐人共を見付《みつけ》て、亦《また》、寄《より》により来《きた》れば、木伐人共、「いみじく怖《おそろ》し」とは思ひながら、尼共の寄来《よりき》たるに、「此《こ》は何《いか》なる尼君達の、此くは舞はれて、深き山の奥よりは出給《いでたまひ》たるぞ」と③問《とひ》ければ、尼共の云《いは》く、「己等《おのれら》が此く舞ひかなでて来《きたる》をば、其達《そこたち》、定めて恐れ思《おもふ》らむ。但し、我等《われら》はそこそこに有る尼共なり。「花をつみて仏に奉らむ」と思《おもひ》て、朋《とも》なひて入《いり》たりつるが、
皆で山に入りましたが
道を踏み違《たが》へて、いづべき様《やう》も思《おぼ》えで有《あり》つる程に、茸《たけ》の有《あり》つるを見付《みつけ》て、物の欲《ほし》きままに、『④此れを取《とり》て食《くひ》たらむ、酔《ゑひ》やせむずらむ』
あたるかもしれない
とは思ひながら、『⑤餓ゑて死なむよりは、去来《いざ》、此れ取《とり》て食《くは》む』と思て、其れを取《とり》て、焼《やき》て食《くひ》つるに、いみじく甘かりつれば、『賢き事なり』と思《おもひ》て食《くひ》つるより、只《ただ》、此《か》く心ならず舞はるるなり。心にも、『⑥いと怪しき事かな』とは思へども、いと怪《あやし》くなむ。」と云《いふ》に、木伐人共、此れを聞《きき》て、奇異《あさまし》く思ふこと無限《かぎりな》し。

2 然《さ》て、木伐人共も、極《いみじ》く物の欲かりければ、尼共の食《くひ》残して、取《とり》て多く持《もち》ける其の茸《たけ》を、死なむよりは、去来《いざ》、此の茸乞《こひ》て食《くは》むと思《おもひ》て、乞《こひ》て食《くひ》ける後より、亦《また》、木伐人共も、心ならず舞はれけり。然《しか》れば、尼共も、木伐人共も、⑦互《たがひ》に舞《まひ》つつなむ咲《わらひ》ける。然て、暫《しばら》く有《あり》ければ、酔《ゑひ》の悟《さめ》たるが如《ごと》くして、道も思《おぼ》えで、各返《おのおのかへり》にけり。其れより後、此の茸をば、舞茸と云ふ也《なり》けり。

3 此れを思ふに、極《きはめ》て怪《あやし》き事也。近来《このごろ》も其の舞茸有れども、此れを食ふ人、必ず舞はず。此れ、⑧極《きはめ》て不審《いぶかし》き事也、となむ語り伝へたるとや。

（『今昔物語集』）

れ、役割を持った存在として、さまざまな人の意見を聞き、時代の流れに(オ)ソうべきだが、それと同時に動物や生態系の保全という使命を果たさなければならない。しかし、これはたやすい仕事ではない。

アメリカに到着したときのアランには、ゾウのトレーナーおよび管理者としての能力はあったものの、時代の流れと共に複雑に変化する動物園という⑤大きなジグソーパズルの中では、それはまだ一つのピースでしかなかった。

サンディエゴ・ワイルドアニマルパークに到着したときから⑥彼の長い旅が始まったようだ。しかし、その後長年にわたり新しい道を切り開きながら、高水準のゾウ飼育管理法をつくり上げることになると、このときは思ってもいなかったそうだ。

（川口幸男　アラン・ルークロフト『動物園は進化する　ゾウの飼育係が考えたこと』）

問一　===線部（ア）～（オ）の漢字はひらがなに、カタカナは漢字に直しなさい。

問二　——線部①「サンディエゴに到着した第一日目から生活と働き方は大きく変わった」とあるが、その理由として、もっとも大きなものを、次のなかから一つ選び、記号で答えなさい。

ア　大規模な仕事の一環で市の中心部の動物園にも関わることになったこと。

イ　自分の知識と経験に基づくオリジナルの飼育プログラムをつくれること。

ウ　ハンブルクで学んでいたときと違い、母国語の英語で仕事ができること。

エ　ゾウの扱い方を変え、飼育係のレベルを上げることが必要になったこと。

問三　本文中の 1 ・ 2 に入るものを、それぞれ次のなかから一つ選び、記号で答えなさい。

1 《ア　おまけに　イ　ただし　ウ　つまり　エ　なかでも》

2 《ア　そのうえ　イ　しかし　ウ　だから　エ　そもそも》

問四　——線部②「そういう意味」・④「そんな飼育法」について、それぞれ指し示す内容がわかるように、本文中の語句を用いて具体的に説明しなさい。

問五　——線部③「高度な文明社会に生きていると、時代の変化に合わせて、自分や周囲の人がやりやすいように、向上していけるように、これまでのやり方を変える必要が出てくる」とあるが、次の二点について、それぞれ本文中から抜き出して答えなさい。

1　「時代の変化に合わせ」ても、受け継ぐべき姿勢を持っている人々。

2　「やり方を変える」際には、その意見に耳を傾ける必要のある人々。

問六　——線部⑤「大きなジグソーパズルの中では、それはまだ一つのピースでしかなかった」について、

1　「それ」が指し示すものを、本文中から二十字で抜き出して答えなさい。

【国 語】（四五分）〈満点：一〇〇点〉

【一】次の文章を読んで、後の問いに答えなさい。

アランがアメリカで最初に働いたのは、カリフォルニア州にあるサンディエゴ・ワイルドアニマルパークだった。現在はサンディエゴ動物園サファリパークと呼ばれている。①サンディエゴに到着した第一日目から生活と働き方は大きく変わった。

ハンブルクでゾウのショーとゾウに人を乗せる仕事を担当していた経験があったので(ア)雇われたのだが、ゾウの繁殖に興味があることも必要とされていた。

ワイルドアニマルパークにはアジアゾウ8頭とアフリカゾウ10頭がいた。後に、大規模な仕事の一環で携わることになった市の中心部のサンディエゴ動物園には、5頭のゾウがいた。ワイルドアニマルパークでの仕事はわくわくすることが多く、ゾウに関わる者なら誰でもやってみたいと思うこと、［1］自分の知識と経験に基づくオリジナルの飼育プログラムをつくって(イ)ジッシするということがすべてできたという。母国語の英語を使えたのも大きかったが、ハンブルクで学んだことを実践できた。

［2］実はこのとき、アメリカの動物園のゾウの飼育環境にはいい印象を持てなかったという。トレーニング法やゾウの扱い方が進歩しておらず、飼育係の性格もゾウの扱い方もカウボーイ式とでもいうか、荒くてきちんと教育がされていなかったそうだ。ゾウに必要なことがほとんどされておらず、ゾウのためというよりも、人間の都合で飼育係は動いていた。ハーゲンベック動物園で働いていた頃とはまったく別物だった。飼育係の指示でゾウはショーに出たり、人を乗せたりする。②そういう意味では確かに飼育係の目は届きやすい。しかしずっと健康を(ウ)イジさせるためには、ゾウには十分なケアをしなければならない。数十年前までのアジアのゾウ使いたちがどんなだったかを思い出してほしい。彼らは、ゾウが生きるために必要なあらゆるものを提供していた。

アランの仕事は飼育係を教育し直して、ゾウに対する見方を変え、ゾウを物のように扱うことをやめさせることだった。

アメリカに着いたとき、ゾウの飼育管理や医療に関するアランの技術は非常に高く、何でもできた。ワイルドアニマルパークでは、ゾウを生き物として尊重し、貴重な財産としてできる限りのケアができるように、飼育係のレベルを上げることが必要だった。

③高度な文明社会に生きていると、時代の変化に合わせて、自分や周囲の人がやりやすいように、向上していけるように、これまでのやり方を変える必要が出てくる。

アメリカで、カウボーイが牛を扱うように、飼育係がゾウを手荒く扱っていたとしても、誰かがそれに気づくか、飼育係が捕まるようなことでもなければ、ゾウに対する手荒な扱いは永遠に続いただろう。④アランはそんな飼育法よりもずっと(エ)穏やかな飼育管理法を、アメリカの動物園に取り入れた。来園者を喜ばせるために、ゾウにショーをさせたり、ゾウに人を乗せたりしながらも……。

一方で、動物の扱い方について常に不満を持っている人々もいた。動物愛護を重視する人々だ。「動物園や農場を閉鎖すべき」「革の靴やベルトは廃止すべき」という意見の人々もいた。動物園は社会に開か

2020年度

解　答　と　解　説

《2020年度の配点は解答欄に掲載してあります。》

＜数学解答＞

1　(1)　-6　(2)　$-\frac{4}{15}$　(3)　$-7+2\sqrt{6}$　(4)　$\frac{-7x-11y}{15}$

2　(1)　$a=\frac{2b-4c}{3}$　(2)　$x=-8,\ y=-3$　(3)　$(x+6)(x-4)$　(4)　$x=\frac{3\pm\sqrt{5}}{4}$

(5)　$\angle x=120°,\ \angle y=32°$　(6)　$\frac{2}{9}$　(7)　$S=356\text{cm}^2,\ V=336\text{cm}^3$

3　(1)　$\angle x=40°,\ \angle y=25°$　(2)　$\angle x=17°,\ \angle y=26°$

4　(1)　21個目　白色，22個目　青色　(2)　赤17個，白34個，青49個　(3)　$6n-5$(個)

5　(1)　$a=\frac{1}{2}$　(2)　B(4, 8)　(3)　S＝12　(4)　P(1, 5)

○推定配点○

1　各4点×4　2　(1)～(4)・(6)　各4点×5((2)完答)　(5)・(7)　各3点×4

3　各4点×4　4　各5点×3((1)・(2)各完答)　5　(1)～(3)　各5点×3　(3)　6点

計100点

＜数学解説＞

基本　1　（数・式の計算，平方根の計算）

(1)　$2\times(-3)=-6$

(2)　$-\frac{2}{3}\times\frac{1}{6}\div\frac{5}{12}=-\frac{2}{3}\times\frac{1}{6}\times\frac{12}{5}=-\frac{4}{15}$

(3)　$(\sqrt{3}+\sqrt{8})(\sqrt{27}-\sqrt{32})=(\sqrt{3}+2\sqrt{2})(3\sqrt{3}-4\sqrt{2})=9-4\sqrt{6}+6\sqrt{6}-16=-7+2\sqrt{6}$

(4)　$\frac{x+3y}{5}+\frac{-2x-4y}{3}=\frac{3(x+3y)+5(-2x-4y)}{15}=\frac{3x+9y-10x-20y}{15}=\frac{-7x-11y}{15}$

基本　2　（式の変形，連立方程式，因数分解，2次方程式，角度，確率，空間図形の計量問題）

(1)　$-3a+2b-4c=0$　$3a=2b-4c$　$a=\frac{2b-4c}{3}$

(2)　$x-3y=1\cdots$①　$-2x+4y=4$　$-x+2y=2\cdots$②　①＋②から，$-y=3$　$y=-3$　これを①に代入して，$x-3\times(-3)=1$　$x=1-9=-8$

(3)　$x^2+2x-24=x^2+(6-4)x+6\times(-4)=(x+6)(x-4)$

(4)　$4x^2-6x+1=0$　2次方程式の解の公式から，$x=\frac{6\pm\sqrt{(-6)^2-4\times4\times1}}{2\times4}=\frac{6\pm\sqrt{20}}{8}=\frac{6\pm2\sqrt{5}}{8}=\frac{3\pm\sqrt{5}}{4}$

(5)　平行線の錯角から，$\angle x=180°-60°=120°$　71°の角の頂点を通り直線ℓ，mに平行な直線を引くと，平行線の錯角から，$\angle y=71°-39°=32°$

(6)　2回のさいころの目の出方は全部で，6×6＝36(通り)　そのうち，1回目と2回目の出た目の数の和が6の約数になる場合は，(1回目の目，2回目の目)＝(1, 1)，(1, 2)，(1, 5)，(2, 1)，(2,

4)，(3，3)，(4，2)，(5，1)の8通り　よって，求める確率は，$\frac{8}{36}=\frac{2}{9}$

(7)　$S=12\times8\times2+5\times8\times2+(5\times12-2\times9)\times2=192+80+84=356(cm^2)$　$V=12\times8\times5-9\times8\times2=480-144=336(cm^3)$

3　(平面図形の計量問題─角度，円の性質)

(1)　各点を右の図のように定めると，△ABDにおいて内角と外角の関係から，∠BAD＝125°－75°＝50°　円周角の定理から，∠BOC＝2∠BAC＝2×50°＝100°　△OBCは二等辺三角形から，$\angle x=\frac{180°-100°}{2}=40°$　△OCDにおいて内角と外角の関係から，$\angle y=125°-100°=25°$

(1)

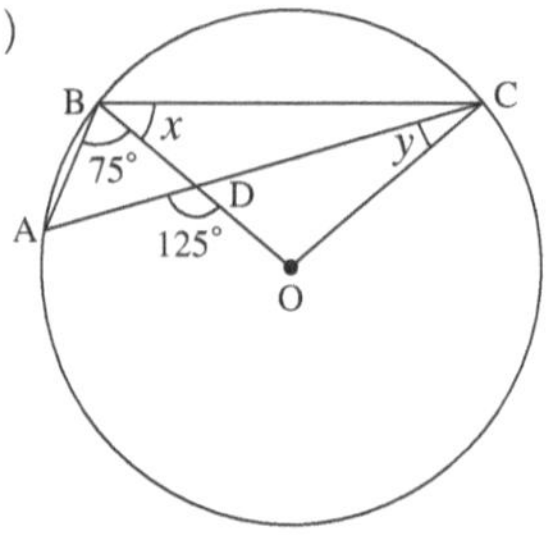

(2)　各点を右の図のように定める。ACは円の直径だから，∠ABC＝90°　△ABCにおいて内角と外角の関係から，$\angle x=180°-90°-73°=17°$　△OBCは二等辺三角形だから，∠BOA＝17°×2＝34°　∠BOD＝34°＋94°＝128°　△OBDは二等辺三角形だから，$\angle y=\frac{180°-128°}{2}=26°$

(2)

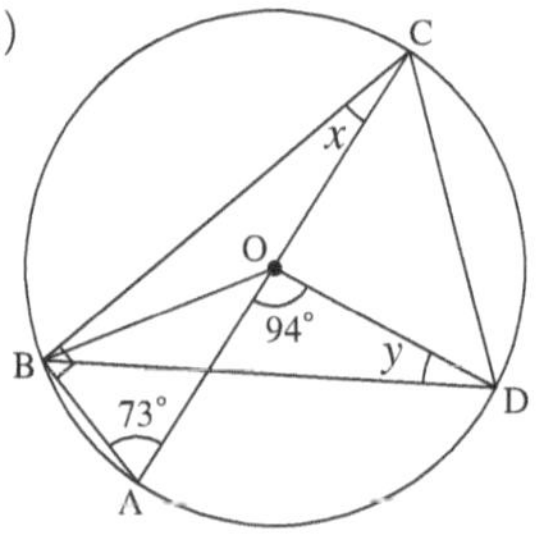

4　(規則性)

基本　(1)　赤1個，白2個，青3個を1組とすると，1＋2＋3＝6から，1組は6個　21÷6＝3あまり3から，21個目のビーズの色は，白色　22÷6＝3あまり4から，22個目のビーズの色は，青色

(2)　100÷6＝16あまり4から，赤色は16＋1＝17(個)，白色は2×16＋2＝34(個)，青色は3×16＋1＝49(個)

重要　(3)　組数は$n-1$(組)になるから，求めるビーズの個数は，$6(n-1)+1=6n-6+1=6n-5$(個)

5　(図形と関数・グラフの融合問題)

基本　(1)　$y=ax^2$に点Aの座標を代入して，$2=a\times(-2)^2$　$4a=2$　$a=\frac{1}{2}$

(2)　$y=\frac{1}{2}x^2$…①　CA：AB＝1：3から，CA：CB＝1：4　点Bのy座標は，2×4＝8　①に$y=8$を代入して，$8=\frac{1}{2}x^2$　$x^2=16$　$x>0$から，$x=\sqrt{16}=4$　よって，B(4，8)

重要　(3)　直線ℓの方程式を$y=px+q$として点A，Bの座標を代入すると，$2=-2p+q$…②　$8=4p+q$…③　③－②から，$6=6p$　$p=1$　これを②に代入して，$2=-2\times1+q$　$q=4$　よって，直線ℓの方程式は，$y=x+4$　したがって，$\triangle OAB=\frac{1}{2}\times4\times(2+4)=12$

(4)　点Pが線分ABの中点にあるとき△AOP＝△OPBになる。よって，$\frac{-2+4}{2}=1$，$\frac{2+8}{2}=5$から，P(1，5)

★ワンポイントアドバイス★

4は，組数とあまりに着目する。(3)は一つの組に赤が一つしかないことから，組数を考えよう。

＜英語解答＞

［1］ (1) 台所へ行って，食べ物を食べること。 (2) ウ→ア→イ
(3) Miyuki enjoyed the lunch and ate too much. (4) (B) エ (C) ウ
(5) イ (6) 外国を知ることができ，そして自分の国もより知ることができること。
(7) ① (例) I'm fifteen years old. ② (例) I like playing [to play] tennis.

［2］ (1) イ (2) ウ (3) イ (4) ア (5) ア (6) イ (7) ア
(8) ア (9) イ (10) ア

［3］ (1) エ (2) ア (3) イ (4) ウ (5) ア (6) エ (7) ア
(8) エ (9) イ (10) エ

［4］ (1) 3 (2) 4 (3) 2 (4) 4 (5) 1 (6) 2 (7) 1 (8) 2
(9) 1 (10) 3

［5］ (1) heavy (2) flew (3) eyes (4) fifth (5) ate

［6］ (1) カ，イ (2) ア，エ (3) ア，ウ (4) ウ，ア (5) エ，カ

○推定配点○
［1］ (1)・(6) 各3点×2 他 各2点×47 計100点

＜英語解説＞

［1］ (長文読解・説明文：要旨把握，指示語，空所補充)

(全訳) みゆきは高校生だ。彼女は英語の勉強が好きで，アメリカにとても興味がある。昨年の夏，彼女は英語を勉強するためにイリノイ州に行った。彼女はブラウン夫妻のところに4週間滞在した。

みゆきが彼らの家に到着したとき，ブラウン夫人は彼女に「ここはアメリカのあなたの家よ，みゆき。台所に食べ物があるわ。お腹が空いたら食べてください」と言った。みゆきは初日に，台所に入ってブラウン夫妻の食べ物を食べるのが良いとは思わなかった。彼女は非常に空腹だったし，彼女は何かを食べたかったが，①食べることができなかった。

夕方，ブラウン夫人は台所で夕食を作っていた。(A)みゆきは部屋で本を読んでいた。そのとき，ブラウン夫人が部屋に来て，「手伝ってくれる？」と言った。みゆきは自分が家族の一員と感じてくれていることに気づいて驚いた。

次の日，みゆきは昼食にベスの家に招かれた。ベスはブラウン夫妻の近くに住んでいた。みゆきは昼食を楽しみ，食べ過ぎた。昼食の後，ベスは彼女に「ケーキはいかがですか。私の母があなたのために作ってくれたの」と言った。②みゆきは何も食べたくなかったが，ベスに言うことができず「(B)お願いします」と言った。その後，ベスの母親はみゆきに「コーヒーはいかがですか」と言った。みゆきはコーヒーが好きではなかったが，「いいえ，結構です」とは言えなかった。彼女はケーキを食べてコーヒーを飲もうとしたが，できなかった。すぐにベスは何も食べたり飲んだりしていないのに気付き，「みゆき，欲しくないならそう言ってください。あなたがそれを言わなければならないとき，あなたは『いいえ』と言うべきです。私たちにとって(C)『はい』か『いいえ』を言うことは大切です。何をしたいのか，何をしたくないのか言わなければ，ここでの時間を楽しむことができないでしょう」「ああ，わかりました。③そうしてみます」とみゆきは言った。

外国に行くと，あなたの国から知らない新しい事柄が見つかる。みゆきは，アメリカの人が「はい」または「いいえ」とはっきりと言っていることがわかった。外国では，④異なる習慣を学ぶことが重要だ。あなたがそれらについてもっと学ぶならば，あなたは外国を知ることになり，またあ

なた自身の国をよりよく理解するだろう。

(1)　she couldn't の後には，前の eat anything が省略されている。

(2)　みゆきが部屋で本を読んでいるときに，手伝うように頼まれて，驚いたのである。

(3)　みゆきは昼食で食べ過ぎて，何も食べたくなかったのである。

(4)　(B)　食べたくないと言えずに，「お願いします」と言った。　(C)　「はい」か「いいえ」をはっきり言うことが大切なのである。

(5)　「はい」か「いいえ」をはっきり言うことが大切なので，ほしいときは「はい」，ほしくないときは「いいえ」を言うようにするのである。

やや難　(6)　異なる習慣を学ぶと，「外国について知る」ことができ，「自分の国をよりよく知る」ことができるのである。

重要　(7)　①　年齢は，I am (年齢) years old. で表現する。　②　「～するのが好き」は，I like to ～ (～ing). で表現する。

基本　[2]　(アクセント)

(1)　第2音節にアクセントがある。

(2)　第3音節にアクセントがある。

(3)　第2音節にアクセントがある。

(4)　第1音節にアクセントがある。

(5)　第1音節にアクセントがある。

(6)　第2音節にアクセントがある。

(7)　第1音節にアクセントがある。

(8)　第1音節にアクセントがある。

(9)　第2音節にアクセントがある。

(10)　第1音節にアクセントがある。

[3]　(対話文)

(1)　May I help you?「ご用件をお伺いいたします」

(2)　May I ～?「～してもいいですか」と許可を求める文となる。

(3)　「部屋でノートが見つからない」と言っていることから「なくしたの？」と尋ねる文が適切。

(4)　場所を尋ねられているので，場所を答えている文が適切。

(5)　「中国です」と答えているため，場所を尋ねている文を選ぶ。

(6)　What time is it now?「今何時ですか」

(7)　Are you and Takeo ～? で尋ねているため，答えの代名詞は we となる。

(8)　新しい本屋を知らないため，「一緒に行きましょう」という答えが適切。

(9)　過去進行形で答えているため，疑問文も過去進行形になる。

(10)　助動詞を用いてたずねた場合は，答えも助動詞を用いる。

重要　[4]　(適語選択：助動詞，動名詞，命令文，不定詞，前置詞，比較)

(1)　一般動詞の疑問文は，do や does を用いる。主語が they なので，do が適切。

(2)　mine「私のもの」

(3)　〈have to ＋動詞の原形〉「～しなければならない」

(4)　finish は動名詞のみを目的語にとる。

(5)　〈Don't ＋動詞の原形〉「～してはならない」

(6)　〈too ～ to …〉「…するには～すぎる」

(7)　〈by ＋乗り物〉「～で」

(8)　Makoto が主語であるため，動詞には三単現の s が必要である。
(9)　How about you?「あなたはどうですか」
(10)　well − better − best と不規則に変化する。

基本 [5]（単語）
(1)　A−Bは反対の意味の関係であるため，heavy があてはまる。
(2)　A−Bは原形−過去形の関係であるため，flew があてはまる。
(3)　A−Bは動詞−その動作をする器官という関係であるため，eyes があてはまる。
(4)　A−Bは基数−序数の関係であるため，fifth があてはまる。
(5)　A−Bは同じ発音の単語であるという関係であるため，ate があてはまる。

重要 [6]（語句整序問題：助動詞，不定詞，比較，現在完了）
(1)　It will not be cold tomorrow(.)　未来の表現の否定文は〈will not ＋動詞の原形〉となる。
(2)　There are many things to see in Tokyo(.)　to see は名詞を修飾する不定詞の形容詞的用法である。
(3)　Sae can sing the best in her class(.)　〈the ＋最上級＋ in ＋単数名詞〉の語順になる。
(4)　How long have you lived in this town(?)　How long で期間をたずねる疑問文となる。
(5)　It is important for us to study English(.)　〈It is ～ for 人 to …〉「…することは人にとって～だ」

★ワンポイントアドバイス★
ほとんどが標準的な問題であるが，出題数が多いのが特徴である。過去問や問題集を用いて，出題形式に慣れて，すばやく解けるようにしよう。

＜国語解答＞

【一】 問一　ア　やと　イ　実施　ウ　維持　エ　おだ　オ　沿　問二　エ
問三　1　ウ　2　イ　問四　②（例）指示を出す飼育係がゾウについているという意味　④（例）飼育係がゾウを手荒く扱う飼育法　問五　1　数十年前までのアジアのゾウ使いたち　2　動物愛護を重視する人々　問六　1　ゾウのトレーナーおよび管理者としての能力　2（例）動物園が動物や生態の保全という使命を果たすようになること。　問七　長年にわたり新しい道を切り開きながら，高水準のゾウ飼育管理法をつくり上げること(39字)

【二】 問一　①　い　⑤　しなん　問二　ア　問三　A　ア　B　イ　問四　茸
問五　エ　問六　イ　問七（例）（茸を食べたときから，）心ならずも自然に舞い出すようになるということから「舞茸」という名前の茸が存在するようになったが，茸を食べた人が必ずしも舞うとは限らない(ということ。)(67字)
問八　死なむ(～)て食む

【三】 ①　ト　②　ソ　③　ツ　④　セ　⑤　ウ　⑥　テ　⑦　タ　⑧　ケ
⑨　ク　⑩　オ

○推定配点○
【一】 問二・問五　各3点×3　問四・問六・問七　各5点×5　他　各2点×7

【二】 問一　各2点×2　　問七　10点　　他　各3点×6(問三・問八各完答)
【三】 各2点×10　　　計100点

＜国語解説＞

【一】（論説文－漢字の読み書き，内容理解，空欄補充，接続語，指示語，要旨）

問一　ア　「雇用」の「雇」である。　イ　「施」の右側の形に注意。　ウ　「維持」は，物事をそのままの状態でもち続けること。　エ　「穏やか」と「緩やか」を区別しておくこと。　オ　同訓異字「そ(う)」は，「川に沿って歩く」「病人のそばに添う」のように使い分ける。

問二　あとの「アランの仕事は飼育係を教育し直して，ゾウに対する見方を変え，ゾウを物のように扱うことをやめさせることだった」「ワイルドアニマルパークでは，……飼育係のレベルを上げることが必要だった」という内容に合うのは，エである。

基本　問三　1　空欄の前の事柄を空欄のあとで説明しているので，説明・補足の接続語が入る。
2　空欄の前後が逆の内容になっているので，逆接の接続語が入る。

重要　問四　②　直前の文「飼育係の指示でゾウはショーに出たり，人を乗せたりする」から読み取れる内容をまとめる。　④　直前の「ゾウに対する手荒な扱い」という内容からまとめる。

問五　1　――線部③の三つ前の段落に，「数十年前までのアジアのゾウ使いたち」は「ゾウが生きるために必要なあらゆるものを提供していた」とある。　2　――線部③の二つあとの段落に，「動物愛護を重視する人々」も含めた「さまざまな人の意見を聞」くべきことが述べられている。

やや難　問六　1　指示語の指す内容を直前からとらえる。　2　直前の段落に「動物や生態系の保全という使命を果たさなければならない」とあることをふまえて解答をまとめる。

問七　――線部⑥の直後の文の「その」は――線部⑥を指している。このあとの部分を抜き出す。

【二】（古文－歴史的仮名遣い，口語訳，内容理解，動作主，指示語，係り結び，要旨）

〈口語訳〉 1今となっては昔のことだが，京都にいた木伐人たちが大勢で，北山に行ったところ，道に迷って，どちらに行ったらいいかわからなくなったので，四・五人ばかりで，山の中にいて嘆いていると，山奥の方から，人がたくさん来るので，「不思議だ。何者が来るのだろう」と思っていると，尼君たちが，四・五人ばかり，激しく踊りながら出てきたので，木伐人たちは，これを見て，恐怖を感じて，「この尼たちがこのように舞いながら出てきたので，まさか人間ではあるまい。天狗であろうか，また鬼神であろうか」と思って，見ていると，この舞う尼たちは，木伐人たちを見つけて，また，近寄ってくるので，木伐人たちは，「非常に恐ろしい」と思いながらも，近寄ってきた尼たちに，「これはどういう尼君たちが，このように舞いながら，深い山の奥から出ていらっしゃったのですか」と尋ねると，尼たちが言うには，「私たちがこのように舞いながら来たので，あなたたちは，きっと怖ろしいと思うでしょう。しかし，私たちは，どこそこの尼どもです。『花を摘んで仏様に捧げよう』と思って，皆で山に入りましたが，道に迷って，帰るすべもわからずいたときに，茸が生えているのを見つけて，空腹のあまり，『この茸を取って食べたなら，あたるかもしれない』とは思いながら，『飢えて死ぬよりは，いざ，これを取って食べよう』と思って，それを取って，焼いて食べたところ，非常においしかったので，『すばらしいことだ』と思って食べ終わると，ただ，このように心ならずも自然に舞い出すようになったのです。心にも，『たいそう不思議なことだ』とは思いますが，とても不思議なことです。」と言うので，木伐人たちは，これを聞いて，あきれ果ててしまった。

2さて，木伐人たちも，とても空腹だったので，尼たちが食い残して，取ってたくさん持っていたその茸を，『餓死するよりは，いざ，この茸をもらって食べよう』と思って，もらって食べるとすぐに，また，木伐人たちも心ならず舞い出した。だから，尼たちも木伐人たちも，お互いに舞いながら笑っていた。そうして，しばらくすると，酔いが覚めたようになって，どこを通ったのかもわからずに，それぞれ(里に)帰った。それより後，この茸を，舞茸と言うのだ。

③これを考えてみると，全く不思議なことである。最近もその舞茸があるけれど，これを食べた人が，必ずしも舞うわけでもない。これは極めて不審なことだ，と語り伝えたということだ。

基本 問一　①「ゐ・ゑ」は「い・え」に直す。　⑤「む」は「ん」に直す。

問二「よも……じ」は，まさか……ないだろう，という意味を表す。

問三　山奥から来た尼たちに，木伐人が問うたのである。

問四　直前の「茸のありつるを見て」に注目する。

重要 問五　直前に「只，此く心ならず舞はるるなり」とある，茸を食べたところ，自然に舞い始めたことを，不思議がっているのである。

問六　係り結びでは，係助詞「こそ」が用いられるときは，文末を已然形で結ぶ。係助詞「ぞ」「なむ」「や」「か」が用いられるときは，文末を連体形で結ぶ。ここでは係助詞「なむ」が用いられており，文末が「咲ける」と連体形になっている。

やや難 問七「近来も其の舞茸有れども，此れを食ふ人，必ず舞はず」の部分の内容をふまえ，「舞茸」という名の由来を含めて解答をまとめる。

問八　木伐人たちが思ったことに「」が付く。

【三】（資料の読み取り）

①・②「第4回　男子児童」の「警察官・警察関連」は20位から8位に，「第4回　女子児童」の「その他スポーツ」は19位から8位に変化している。

③・④「第十回　男子児童」の「建築士」は15位から5位に，「水泳選手・コーチ」は17位から8位に変化している。

⑤・⑥「男子児童」における「コック・料理人など」「大工」は，「第4回」では8・9位だったが，「第10回」では10位以内には入っていない。

⑦・⑧「女子児童」における「漫画家」「絵本作家・作家」は，「第4回」では7・10位だったが，「第10回」では10位以内には入っていない。

⑨・⑩「第10回　女子児童」で「獣医」「幼稚園教諭」は6位・10位である。

★ワンポイントアドバイス★

読解問題は選択肢問題のほかに抜き出し，自由記述問題も多く出題されている。古文は比較的長い文章であった。現代文・古文ともに，ふだんからいろいろな問題にあたることが大切。今回は資料の読み取りの独立問題も出題されている。

MEMO

大切なことはメモしておこうネ！

2019年度

★★★★★★★★★★★★★★★★★★★★★★★★

入　試　問　題

2019年度

中越高等学校入試問題

【数　学】（45分）　＜満点：100点＞

1　次の計算をしなさい。

(1)　$-3\times(-4)$

(2)　$\dfrac{1}{2}\times\dfrac{3}{5}\div\dfrac{2}{3}$

(3)　$(\sqrt{2}+\sqrt{3})(\sqrt{12}-\sqrt{3})$

(4)　$\dfrac{2x-5y}{3}-\dfrac{3x+y}{4}$

2　次の各問いに答えなさい。

(1)　等式　$2a-3b+5c=0$　を c について解きなさい。

(2)　連立方程式　$\begin{cases} -3x+y=13 \\ x+2y=5 \end{cases}$　を解きなさい。

(3)　$x^2-8x-48$ を因数分解しなさい。

(4)　２次方程式　$3x^2-2x-4=0$　を解きなさい。

(5)　下の図のような，平行な２直線 l，m において $\angle x$ と $\angle y$ の大きさを求めなさい。

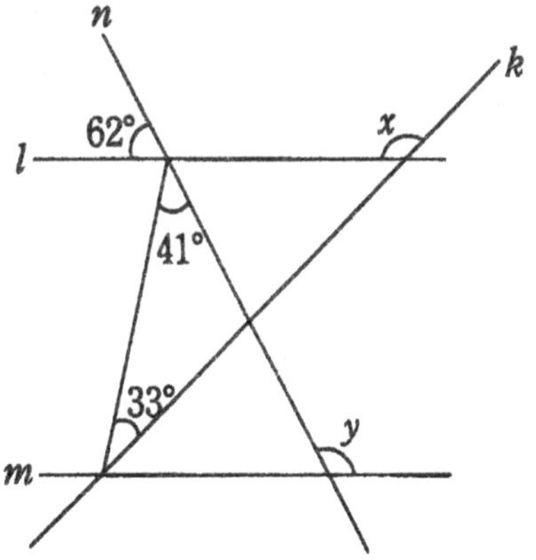

(6)　52枚のトランプから１枚引くとき，引いたカードがハートの絵札である確率を求めなさい。

(7)　右の図のような母線の長さが８㎝，底面の半径が４㎝，高さが $4\sqrt{3}$ ㎝の円錐がある。この円錐の表面積 S と体積 V を求めなさい。

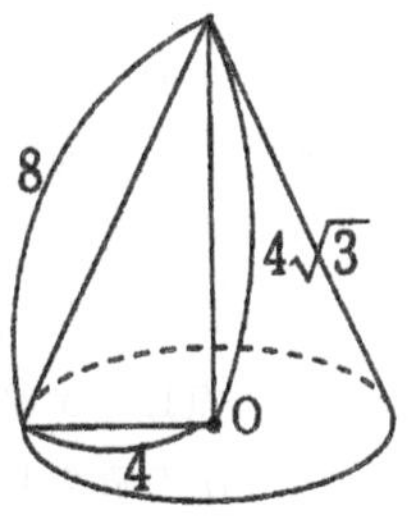

3　次の図において，$\angle x$ と $\angle y$ の大きさを求めなさい。ただし，点Oは円の中心である。

(1)

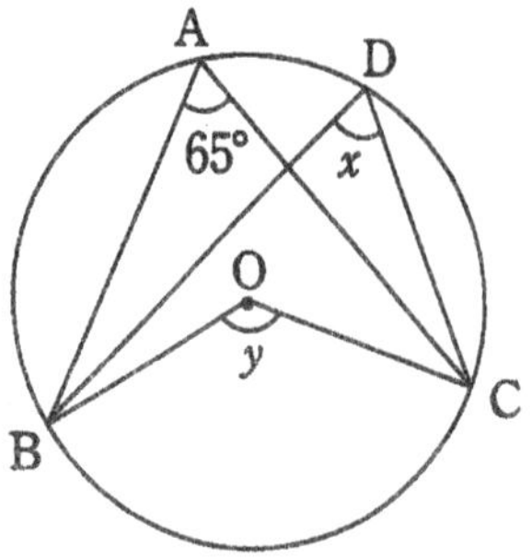

(2)

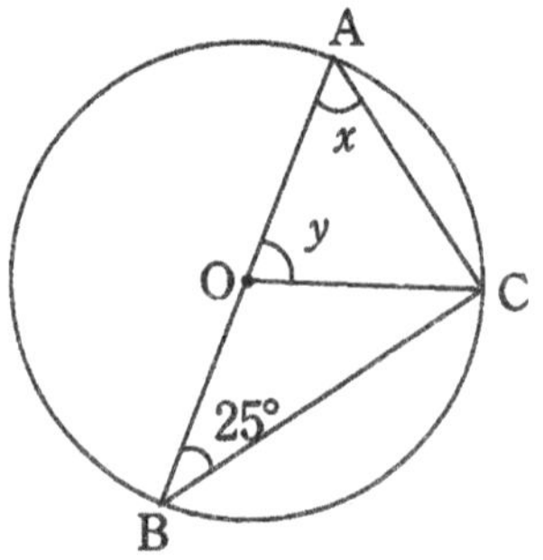

4　下の図のような，方眼紙上に白と黒の碁石を１番目，２番目，３番目…規則正しく並べていくとき，次の(1)～(3)の問いに答えなさい。

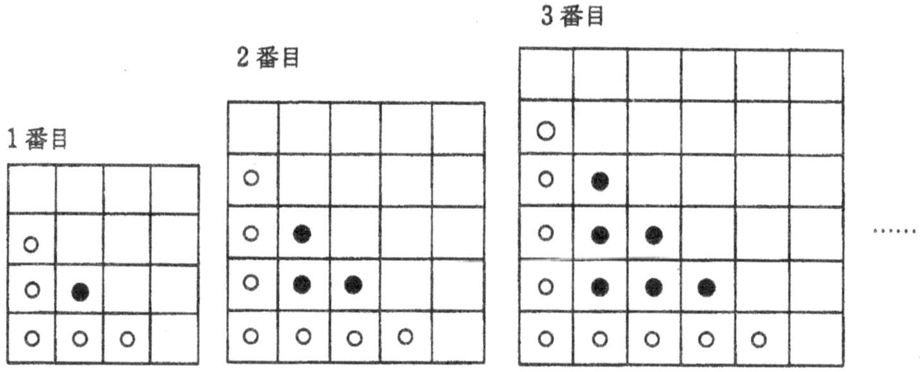

(1)　４番目の方眼紙で，黒い碁石の個数は何個になるか答えなさい。

(2)　n 番目の方眼紙で，白い碁石の個数は何個か，n を使って表しなさい。

(3)　白い碁石の個数が23個のときは何番目の方眼紙か答えなさい。
また，その時の白い碁石と黒い碁石の個数の合計個数を答えなさい。

5　右図において，①は関数 $x = ax^2$ $(a > 0)$ のグラフであり，②は関数 $y = -\frac{1}{4}x^2$ のグラフである。また，点Aは放物線②上にありその座標は（－２，－１）である。

(1)　２点O，Aを通る直線の式を求めなさい。

(2)　x の変域が $-3 \leqq x \leqq 2$ のとき，
関数 $y = -\frac{1}{4}x^2$ の y の変域を求めなさい。

(3)　点Aを通り x 軸に垂直な直線と放物線①との交点をBとする。放物線①上に，x 座標が正である点Cをとる。点Cを通り x 軸に垂直な直線と放物線②との交点をDとする。また，点BからCDに垂線をひき，その交点をEすると直線BCの傾きは$\frac{3}{2}$で，EC＝９である。

①　点Eの x 座標を求めなさい。

②　a の値を求めなさい。

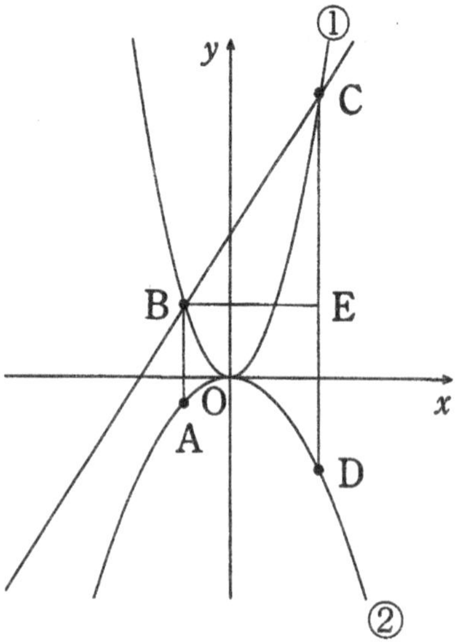

【英　語】（45分）　＜満点：100点＞

［１］　次の各組の下線部の発音が同じ組には○，異なる組には×を書きなさい。

(1) { learn / work }　(2) { write / little }　(3) { show / draw }　(4) { sun / run }　(5) { same / father }

(6) { think / month }　(7) { asked / climbed }　(8) { enough / daughter }　(9) { child / each }　(10) { great / tea }

［２］　各対話が成立するように，空欄に当てはまる適切な単語１語を書きなさい。ただし，与えられた１文字目に続けて書くこと。

(1) A：I remember Mr. Sasaki very well.　He was a great teacher.
　B：You're right.　He taught us a lot of important things.
　I'll never（f _ _ _ _ _ ）him.

(2) A：Keisuke, what is the month between May and July?
　B：It's（J _ _ _ ）.

(3) A：Does Meg speak Italian?　She was speaking to someone in Italian yesterday.
　B：Yes, she speaks three (l _ _ _ _ _ _ _)s.

(4) A：Do you want sugar?
　B：No, thank you.　I always have tea（w _ _ _ ）milk.

(5) A：What do you want to do in the future?
　Tell me about your（d _ _ _ _ ）.
　B：In the future, I want to travel around the world.

［３］　次の英文を読み，質問に答えなさい。＊印がついている単語には本文の後に[注]があります。

○　これは中学生のヒロシさんが英語の授業で行った水の問題（the water problem）に関するスピーチです。

Have you ever heard of our water problem?　I first heard about it when I was watching a news program on TV.　Then, I learned what was happening around the world.

Today, many people in the world live a poor life.　More than one *billion people can't get enough safe water.

There are a lot of water problems in the world.　One of ①them is drinking water.　Many, especially people who live in *developing countries, cannot use clean water.　And that can be dangerous to their health because unclean water causes many kinds of *disease.　Also, usually women and children have to walk far from their homes every day to get water for the family.　They spend many hours a day to do ②that.　So, women cannot work to make money or children cannot go to school.　This leads to their ③poverty.

Another problem is the *shortage of water. The most serious reason for this is climate change. Climate change is getting worse and many people can't get water for growing food or for their daily lives because of a *drought or *flooding.

In addition, the number of people in the world continues to grow. The *amount of water that people can use is reducing every year. However, today, water *usage is getting (④).

Water is the most important resource to support life. We must think about our water. We should take action to make our world better and go forward with *sustainable development. I hope that I can save water every day. ⑤Why don't you think about your actions for our water problem?

［注］ billion：10億　developing：発展途上の　disease：病気　drought：干ばつ，日照り
flooding：洪水　shortage：不足　amount：量　usage：使用　sustainable：持続可能な

⑴ 本文の内容について，次の質問の答えとして（ ）に入る英語を５語以上10語以内で答えなさい。

質問 When did Hiroshi hear about our water problem for the first time?

答え He heard about it when ( ).

⑵ 下線部①が指す内容を日本語で答えなさい。

⑶ 下線部②の内容を次のようにまとめるときに（ａ），（ｂ），（ｃ）に入る適切な日本語をそれぞれ答えなさい。

（ ａ ）のために（ ｂ ）を手に入れるため，毎日家から（ ｃ ）ところまで歩いて行かなければならないこと

⑷ 下線部③の意味として最も適切なのをア～エから１つ選び，記号で答えなさい。

ア．貧困　イ．事故　ウ．余暇　エ．能力

⑸ （④）に入る適切なものを次のア～エの中から１つ選び記号で答えなさい。

ア．better and better　イ．less and less

ウ．bigger and bigger　エ．lower and lower

⑹ 水の問題の具体的な内容として挙げられているものを３つ選び，記号で答えなさい。

ア．水の危険性　イ．飲み水の問題

ウ．気候変動による水不足　エ．環境破壊

オ．紛争　カ．水の値段の高騰

キ．水に関する教育　ク．人口増加による水の使用量の増加

⑺ 下線部⑤とあるが，水の問題の解決のために何ができるか，下線部に２語以上の英語をいれてあなた自身の考えを述べなさい。

I will ＿＿＿＿＿＿＿＿＿＿＿＿ to solve the water problems.

［4］ 次の英文を読み，質問に答えなさい。＊印がついている単語には本文の後に［注］があります。

You are *invited to
Emma Brown's
*SWEET SIXTEEN BIRTHDAY PARTY
- a girl's most important birthday-
Tom and Maria Brown invite you all
to our beautiful daughter's Sweet Sixteen Birthday Party.
We will have a party on the day before her birthday.

Join Us for Her Special Night
on SUNDAY, FEBRUARY 8th
6:00 P.M.
at the Chuetsu Grand Hotel

Enjoy dinner, dancing and good music!
If you cannot *attend the party, please call Maria Brown at 123-4567, by January 31st.

［注］ invite：～を招待する
Sweet Sixteen Birthday Party：女の子の美しさが花開く年齢である16歳の誕生日を盛大に祝う北アメリカを中心とした地域の行事
attend：～に出席する

⑴ このパーティーを主催するのは誰ですか。次から選びなさい。
ア．Tom and Maria　イ．Emma　ウ．Emma's daughter

⑵ この招待状の内容に合っているものを，次から選びなさい。
ア．Tom will have a party to celebrate Maria's sixteenth birthday.
イ．If you can go to the party, you have to call Maria by the end of January.
ウ．The party will start at 6 p.m. in the Chuetsu Grand Hotel.

⑶ Emmaの誕生日はいつですか。次から選びなさい。
ア．February 8th　イ．February 9th　ウ．February 10th

⑷ パーティーに参加をしない場合はどうすれば良いですか。日本語で説明しなさい。

［5］ 次の①～⑤の空欄に当てはまる最も適切な文を下から１つ選び，記号で答えなさい。

⑴ A：How about another piece of cake?
B：（ ① ） I've already had enough.
ア．Sure.　イ．That's a good idea.
ウ．No, thank you.　エ．No problem.

(2) A：（ ② ）
B：Yes, please. I'm looking for a pair of new shoes.
ア．Would you like to show it? イ．How do you like it?
ウ．What's wrong? エ．May I help you?

(3) A：How long does it take from here to Niigata station?
B：（ ③ ）
ア．For five years. イ．About 20 minutes.
ウ．About 20 kilometers. エ．By train.

(4) A：Has he ever been to China?
B：（ ④ ）
ア．Yes, he does. イ．Yes, he is. ウ．Yes, he was. エ．Yes, he has.

(5) A：You look very tired. I think you should go home.
B：（ ⑤ ）
ア．Thank you. I will. イ．I went home by train.
ウ．Yes. You should go home. エ．Take care of yourself.

［６］ 次の各文の（ ）内から最も適切なものを１つ選び，記号で答えなさい。

(1) Was this letter（ア．wrote イ．written ウ．writes エ．writing）by your family?
(2)（ア．Has イ．Does ウ．Is エ．Did）he eat the banana two days ago?
(3) Her doll is prettier than（ア．my イ．mine ウ．me エ．its）.
(4) He will（ア．come イ．comes ウ．coming エ．came）here soon.
(5) The book is（ア．very イ．most ウ．best エ．much）more difficult than this.
(6) I am glad（ア．to hear イ．which hears ウ．hear about エ．can hear）that my sister is doing well in her new school.
(7) How（ア．many イ．long ウ．often エ．to）do the trains come?
—They come every fifteen minutes.
(8) The song is（ア．know イ．knowing ウ．knew エ．known）all over the world.
(9) They have（ア．study イ．studied ウ．studying エ．to studying）about Nagaoka in Australia for four months.
(10) In Hawaii, there is a kind of handcraft（ア．call イ．calls ウ．called エ．calling）"Hawaiian quilts."

［７］ 次の(1)～(5)の日本語の意味を表す英文になるように（ ）内の語(句)を並べかえ，［１］と［２］に入る語(句)の記号を順に答えなさい。ただし，文頭に来る語も小文字で書いてあります。

(1) 君は図書館でその本を見つけることができるでしょう。
You ＿＿ ［１］ ＿＿ ＿＿ ［２］ ＿＿ at the library.
（ア．find イ．to ウ．be エ．able オ．the book カ．will）

⑵ 何か飲み物を持ってきてくれますか。

Would _____ [1] _____ _____ [2] _____?

(ア. me イ. you ウ. drink エ. something オ. to カ. bring)?

⑶ 兄はピザを作ろうとしています。

My brother _____ [1] _____ _____ [2] _____.

(ア. trying イ. is ウ. to エ. a オ. pizza カ. make)

⑷ あまりたくさん水を飲みすぎてはいけません。

_____ [1] _____ [2] _____.

(ア. water イ. much ウ. too エ. don't オ. drink)

⑸ 私の友達は走るのが得意ではありません。

My _____ [1] _____ _____ [2] _____.

(ア. running イ. good ウ. at エ. not オ. is カ. friend).

【四】 次の問いに答えなさい。

問一 1～3の――線部と同じ意味・用法のものはどれか。それぞれア～エから一つ選び、記号で答えなさい。

1. 稲の取入れの始まるころで、気候もよかった。

ア ぼんやりと山だの人の往来だのを見ている。
イ 足に毛の生えた大きな蟹《かに》がいた。
ウ 旅行には、いつ出発するの。
エ 大きな桑の木が道端にある。

2. 壁に絵がかけてある。

ア 自分にはしなければならぬ仕事もあるのだ。
イ 飛び回る蜂がいなくなり静かである。
ウ こういう楽しみのあるのはうれしいことだ。
エ ある午前、公園へ行こうと宿を出た。

3. 川に落ちたねずみをかわいそうに思った。

ア いもりは四寸ほど横へ飛んだように見えた。
イ 夜の間にひどい雨が降った。
ウ 地面も屋根も雨できれいに洗われていた。
エ 毎日忙しそうに働いていた。

問二 次の語には、「れる」「られる」のどちらがつくか。「れる」がつくものを二つ選び、記号で答えなさい。

ア 待つ　イ 越える　ウ 借りる　エ 乗る　オ 混ぜる

問三 次の語には、「せる」「させる」のどちらがつくか。「せる」がつくものを二つ選び、記号で答えなさい。

ア 捨てる　イ 射る　ウ 話す　エ 取る　オ 寄せる

かしこき童なりと⑤感じ給ひける。

「孔子には、※4かく物問ひかくる人もなきに、かく⑥問ひけるは、⑦ただものにはあらぬなりけり。」⑧とぞ人いひける。

（『宇治拾遺物語』）

（注）※1 唐……中国の昔の呼び名

※2 孔子……中国の昔の有名な思想家

※3 洛陽……中国の古都。有名な都であった

※4 かく物問ひかくる人もなきに

……このように問答をしかける人もいないのに

問一 文中の［A］・［B］に当てはまる語を、文中から抜き出しなさい。

問二 ――線部①「あひぬ」・②「やう」の読みを、それぞれ現代かなづかいに改め、ひらがなで書きなさい。

問三 ――線部③「いづれか遠き」の意味を書きなさい。

問四 ――線部④「日の出づる所は近し。洛陽は遠しと思ふ。」とあるが、なぜこのように考えるのか。現代語で説明しなさい。

問五 ――線部⑤「感じ給ひける」・⑥「問ひける」の主語はそれぞれ誰か。次の中から選び、記号で答えなさい。

ア 童　イ 孔子　ウ 世間の人々　エ 作者

問六 ――線部⑦「ただものにはあらぬなりけり」について、答えなさい。

(1) 誰の、誰に対する評価か。次の中から選び、解答欄に合うように、記号で答えなさい。

ア 童　イ 孔子　ウ 世間の人々　エ 作者

(2) なぜこのように評価するのか。その理由として適当なものを、次の中から選び、記号で答えなさい。

ア 常識にとらわれない奇妙な問いかけをし、孔子を困惑させたから。

イ まだ子どもなのに、堂々と孔子の知識を試すような問いを発したから。

ウ 難しい理屈で問いかけて、学問にすぐれた孔子が言い負かされたから。

エ 先入観にとらわれず、疑問に思ったことを素直に孔子に問いかけたから。

問七 ――線部⑧「とぞ人いひける」について、「ぞ」は文末の語の活用形を変化させている。このような関係を何というか。漢字を用いて書きなさい。

【三】 次の慣用句の空欄に入る語を語群の中から選び、それぞれ記号で答えなさい。

①（　）を持たせる　②（　）が知らせる

③（　）が合う　④（　）の一声

⑤（　）の額　⑥（　）一重

⑦（　）につまれる　⑧（　）を売る

【語群】

ア 草　イ 虫　ウ 紙　エ 油　オ 狐

カ 花　キ 鶴　ク 的　ケ 猫　コ 馬

ト以外が消えた世界で、ヒトは決して生きていけないことは確かなのだから。

灰谷健次郎の『太陽の子』のなかの言葉を思い出す。

「ひとつのいのちは、ひとつのいのちだけで生きていけるものではない。⑦ひとつのいのちを無数のいのちがとりまいている」

（山本太郎『抗生物質と人間――マイクロバイオームの危機』）

（注）※1　棄損……そこなう。害する。
※2　担保……確かなものとする。
※3　包摂する……ある考え方が、他の考え方を含む。
※4　連環……つながり。
※5　両義性（アンフィバイオーシス）
……一つの物事に、相反する二つの捉え方が成り立つこと。

問一　＝線部（ア）～（カ）の漢字はひらがなに、カタカナは漢字に直しなさい。

問二　□に入る語として適当なものを次から選び、記号で答えなさい。

ア　もはや　　イ　一方で　　ウ　つまり　　エ　たとえば

問三　――線部①「『人間（ヒト）中心主義』」とは、どのような考え方か。解答欄に合うように、二十字以上、二十五字以内で抜き出しなさい。

問四　――線部②「それ」とは、何をさすか。五字で抜き出しなさい。

問五　――線郢③「私たちの身体に常在する細菌とヒトの関係」とは、どのような関係か。適当なものを次から選び、記号で答えなさい。

ア　侵害関係　　イ　短期関係　　ウ　協調関係　　エ　究極関係

問六　――線部④「対極をなす」の意味として適当なものを次から選び、記号で答えなさい。

ア　論争を引き起こす　　イ　同様の主張をなす
ウ　反対の立場をとる　　エ　重要な役割を担う

問七　――線部⑤「共生、共存――が必要である」と言うのはなぜか。適当なものを次から選び、記号で答えなさい。

ア　ヒトは、ヒト以外の生物の存在を絶対的に必要とするから。
イ　個々の生命は、ヒトにとって有用か否かで判断すべきだから。
ウ　ヒトの存在が最も重要であるという人間中心主義に反しているから。
エ　ヒトの選択は、正しい選択と考えにくい場面が存在するかもしれないから。

問八　――線部⑥「微生物との複雑な混合物」を言い換えた部分を、十字で抜き出しなさい。

問九　――線部⑦「ひとつのいのちを無数のいのちがとりまいている」とは、どういうことか。「ヒト」・「生態系」の二語を使い、二十五字以内で説明しなさい。

【二】　次の文章を読んで、後の問いに答えなさい。

今は昔、※1唐《もろこし》に、※2孔子《こうし》、道を行き給《たま》ふに、八つばかりなる童《わらは》①あひぬ。孔子に問ひ申す②やう、「日の入《い》る所と※3洛陽《らくよう》と、③いづれか遠き。」と。孔子いらへ給ふやう、「日の入る所は［A］。洛陽は［B］。」童の申すやう、「日の出で入《い》る所は見ゆ。洛陽はまだ見ず。されば、④日の出づる所は近し。洛陽は遠しと思ふ。」と申しければ、孔子

【国語】（四五分）〈満点：一〇〇点〉

【一】次の文章を読んで、後の問いに答えなさい。

ヒトは自然界で特別な存在であり、他の生命はヒトのためにあるといった考え方がある。環境倫理学の世界では①「人間（ヒト）中心主義」と呼ばれる。そこでは、ヒトの存在がこの世界で最も大切で重要な価値であると考える。

［　　］、すべての生命存在は、ヒトと同等の価値を持つ。したがって、ヒトが他生命の(ア)コユウ価値を侵害することは(イ)ユルされないといった考え方がある。「人間（ヒト）中心主義」に対して「人間（ヒト）非中心主義」と呼ばれたりもする。個々の生命をヒトにとって有用か(ウ)否かではなく、②それ自体に価値があるとする考え方である。

③私たちの身体に常在する細菌とヒトの関係を考える時、ふと、この考え方が頭をよぎった。どちらが正しいか、正しくないかといった話ではない。二つの考え方は④対極をなすように見える。しかし、この二つの考え方は、実は表裏一体なのではないかと思い始めた。

どういうことかと言えば、ヒトの存在がこの世界で最も大切で重要なことであると考える「人間（ヒト）中心主義」は、人間中心主義であるがゆえに、自らの存在や生存を※1棄損《きそん》する可能性があるということである。複雑な生態系の中で生きていくヒトは、ヒト以外の存在を絶対的に必要とする。

別の言葉で言えば、ヒトが、ヒトを至高の存在とみなし、その生存に絶対の価値を置き、それを※2担保《たんぽ》するためには、他の生物やそれを支える環境の存在が欠かせないということである。そしてそれは、「人間非中心主義」の考え方に通じる。すなわち、人間中心主義は、人間非中心主義を部分的に※3包摂《ほうせつ》することによって、初めて成立する(エ)ガイネンだということになる。

さらに言えば、私たちは現在でさえ、個々の生物の相互関係の※4連環を完全に理解してはいない。私たちが「有害」と考える生物（微生物も含む）であっても、相互関係の連環のなかで、ヒトの利益として機能している例は無数にあるに違いない。そうした(オ)ゲンショウを生物の「※5両義性（アンフィバイオーシス）」と呼ぶ。私たちがそうした事実を知らないだけなのである。

そう考えてくると、以下のような結論に至ることは、必然的である気さえしてくる。

⑤共生、共存――が必要である。

短期的には、それが正しい選択と考えにくい場面が存在するかもしれない。しかし、共生、共存の考え方は、究極的には、ヒトがヒトという種として生きていく上で大きな利益をもたらす。あるいはその不在は、大きな不利益をもたらすに違いない。

私たちは、微生物の惑星に生きている。そのなかの選ばれた一部がヒトに常在し、協調しながら超個体としての「私」をかたちづくる。そこには、(カ)セイトウな理由さえある。

極端な言い方をすれば、私たちヒトは、⑥微生物との複雑な混合物以外の何者でもないのかもしれない。そうした「私」が、同じように複雑なマクロ（自然）の生態系に守られて生きている（生かされている）。それが、ヒトの存在なのであろう。

とすれば、私たちに残されている道は一つしかない。共生である。ヒ

MEMO

大切なことはメモしておこうネ！

T・G

2019年度

解 答 と 解 説

《2019年度の配点は解答欄に掲載してあります。》

＜数学解答＞

1 (1) 12 (2) $\frac{9}{20}$ (3) $\sqrt{6}+3$ (4) $\frac{-x-23y}{12}$

2 (1) $c=\frac{-2a+3b}{5}$ (2) $x=-3$, $y=4$ (3) $(x-12)(x+4)$ (4) $x=\frac{1\pm\sqrt{13}}{3}$

(5) $\angle x=136^\circ$, $\angle y=118^\circ$ (6) $\frac{3}{52}$ (7) $S=48\pi\ \mathrm{cm}^2$, $V=\frac{64\sqrt{3}}{3}\pi\ \mathrm{cm}^3$

3 (1) $\angle x=65^\circ$, $\angle y=130^\circ$ (2) $\angle x=65^\circ$, $\angle y=50^\circ$

4 (1) 10個 (2) $2n+3$(個) (3) 10番目，78個

5 (1) $y=\frac{1}{2}x$ (2) $-\frac{9}{4}\leqq y\leqq 0$ (3) ① $x=4$ ② $a=\frac{3}{4}$

○推定配点○

1 各4点×4 2 (1)～(4)・(6) 各5点×5((2)完答) (5)・(7) 各3点×4

3 各3点×4 4 (1)・(2) 各5点×2 (3) 各4点×2 5 (1) 5点

(2)・(3) 各4点×3 計100点

＜数学解説＞

基本 1 （数・式の計算，平方根の計算）

(1) $-3\times(-4)=12$

(2) $\frac{1}{2}\times\frac{3}{5}\div\frac{2}{3}=\frac{1}{2}\times\frac{3}{5}\times\frac{3}{2}=\frac{9}{20}$

(3) $(\sqrt{2}+\sqrt{3})(\sqrt{12}-\sqrt{3})=\sqrt{2}\times2\sqrt{3}-\sqrt{6}+\sqrt{3}\times2\sqrt{3}-3=2\sqrt{6}-\sqrt{6}+6-3=\sqrt{6}+3$

(4) $\frac{2x-5y}{3}-\frac{3x+y}{4}=\frac{4(2x-5y)-3(3x+y)}{12}=\frac{8x-20y-9x-3y}{12}=\frac{-x-23y}{12}$

基本 2 （式の変形，連立方程式，因数分解，2次方程式，角度，確率，空間図形の計量問題）

(1) $2a-3b+5c=0$ $5c=-2a+3b$ $c=\frac{-2a+3b}{5}$

(2) $-3x+y=13$…① $x+2y=5$…② ①＋②×3から，$7y=28$ $y=4$ これを②に代入して，$x+2\times4=5$ $x=5-8=-3$

(3) $x^2-8x-48=x^2+(-12+4)x+(-12)\times4=(x-12)(x+4)$

(4) $3x^2-2x-4=0$ 2次方程式の解の公式から，$x=\frac{-(-2)\pm\sqrt{(-2)^2-4\times3\times(-4)}}{2\times3}=\frac{2\pm\sqrt{52}}{6}=\frac{2\pm2\sqrt{13}}{6}=\frac{1\pm\sqrt{13}}{3}$

(5) 三角形の内角と外角の関係から，$\angle x=(41^\circ+62^\circ)+33^\circ=136^\circ$ 平行線の錯角は等しいことから，$\angle y=180^\circ-62^\circ=118^\circ$

(6) ハートの絵札は3枚あるから，求める確率は，$\frac{3}{52}$

(7)　$S=\pi\times8^2\times\dfrac{2\pi\times4}{2\pi\times8}+\pi\times4^2=32\pi+16\pi=48\pi\,(cm^2)$　　$V=\dfrac{1}{3}\times16\pi\times4\sqrt{3}=\dfrac{64\sqrt{3}}{3}\pi\,(cm^3)$

3 （平面図形の計量問題―角度，円の性質）

基本 (1)　円周角の定理から，$\angle x=\angle BAC=65^\circ$　　$\angle y=2\angle BAC=2\times65^\circ=130^\circ$

(2)　ABは円Oの直径なので，$\angle ACB=90^\circ$　　△ABCの内角の和の関係から，$\angle x=180^\circ-(25^\circ+90^\circ)=180^\circ-115^\circ=65^\circ$　　△OACは二等辺三角形だから，$\angle y=180^\circ-65^\circ\times2=180^\circ-130^\circ=50^\circ$

4 （規則性）

基本 (1)　1＋2＋3＋4＝10(個)

(2)　5，7，9，…から，n番目の白い碁石の数は，$5+2(n-1)=5+2n-2=2n+3$(個)

重要 (3)　$2n+3=23$から，$2n=23-3=20$　　$n=20\div2=10$(番目)　　10番目の黒い碁石の数は，1＋2＋3＋…＋10＝55(個)　　よって，10番目の白い碁石と黒い碁石の数の和は，23＋55＝78(個)

5 （図形と関数・グラフの融合問題）

基本 (1)　$y=px$に点Aの座標を代入すると，$-1=p\times(-2)=-2p$　　$2p=1$　　$p=\dfrac{1}{2}$　　よって，直線OAの式は，$y=\dfrac{1}{2}x$

(2)　絶対値は，2より-3の方が大きいので，$x=-3$のとき，yは最小値をとる。$y=-\dfrac{1}{4}\times(-3)^2=-\dfrac{9}{4}$　　xの変域が負から正にまたがっているので，$x=0$のとき，yは最大値0をとる。よって，求めるyの変域は，$-\dfrac{9}{4}\leqq y\leqq0$

重要 (3)　①　点Bのx座標は，点Aのx座標と等しいので，-2　　直線BCの傾きが$\dfrac{3}{2}$であることから，$\dfrac{EC}{BE}=\dfrac{3}{2}$　　$\dfrac{9}{BE}=\dfrac{3}{2}$　　$BE=9\times\dfrac{2}{3}=6$　　よって，点Eのx座標は，$6-2=4$

②　点Cのx座標は点Eの座標と等しいので，y座標は，$y=a\times4^2=16a$　　点Eのy座標は点Bのy座標と等しいので，$y=a\times(-2)^2=4a$　　EC＝9から，点Cのy座標は$4a+9$とも表される。よって，$16a=4a+9$から，$12a=9$　　$a=\dfrac{9}{12}=\dfrac{3}{4}$

★ワンポイントアドバイス★

5は，あらゆる関数に関する総まとめの問題になっている。比例関数，一次関数，2乗に比例する関数のそれぞれの特長をしっかりまとめて，理解しておこう。

＜英語解答＞

[1] (1) ○ (2) × (3) × (4) ○ (5) ×
(6) ○ (7) × (8) × (9) ○ (10) ×

[2] (1) (f)orget (2) (J)une (3) (l)anguage (4) (w)ith
(5) (d)ream

[3] (1) (He heard about it when) he was watching a news program on TV(.)
(2) 水の問題 (3) (a) 家族 (b) 水 (c) 遠い (4) ア (5) ウ
(6) イ，ウ，ク (7) (I will) study more (to solve the water problems.)

[4] (1) ア (2) ウ (3) イ (4) マリア・ブラウンに1月31日までに電話する。

[5] ① ウ ② エ ③ イ ④ エ ⑤ ア

[6] (1) イ (2) エ (3) イ (4) ア (5) エ (6) ア (7) ウ
(8) エ (9) イ (10) ウ

[7] (1) ウ，ア (2) カ，オ (3) ア，エ (4) オ，イ (5) オ，ウ

○推定配点○
各2点×50 計100点

＜英語解説＞

基本 [1] (発音)

(1) 両方とも[əːr]となる。
(2) [ai]と[i]で異なる。
(3) [ou]と[ɔː]で異なる。
(4) 両方とも[ʌ]となる。
(5) [ei]と[ɑː]で異なる。
(6) 両方とも[θ]となる。
(7) [t]と[d]で異なる。
(8) daughter の gh は発音しない。
(9) 両方とも[tʃ]となる。
(10) [ei]と[iː]で異なる。

基本 [2] (単語)

(1) A：ササキ先生のことよく覚えているよ。いい先生だったよね。
B：そうだね。たくさんの大切なことを教えてくれたよ。
A：絶対に彼のこと忘れないよ。
(2) A：ケイスケ，5月と7月の間の月は何？
B：6月だよ。
(3) A：メグはイタリア語話せる？彼女は昨日イタリア語で誰かと話していたんだ。
B：うん，彼女は3つの言語を話せるよ。
(4) A：砂糖欲しい？
B：いいえ，結構です。いつもミルク入りで飲んでいるよ。
(5) A：将来何をしたいの？君の夢を教えてよ。
B：将来，世界中を旅したいな。

重要 [3] （長文読解・説明文：要旨把握，指示語，空所補充）

（全訳） 水問題について聞いたことがあるか？私はテレビでニュース番組を見ていたときにそのことについて聞いた。それから，世界中で何が起こっているのか学んだ。

今日，世界の多くの人々が貧しい生活をしている。10億人以上の人々が十分な安全な水が得られない。

世界には多くの水問題がある。①それらの一つが飲み水だ。多くの，特に発展途上国に住む人々は，きれいな水を使えない。そして，それは彼の健康に危険なものになりうる。なぜなら，汚い水は多くの種類の病気を引き起こすからだ。また，たいてい，女性や子供は毎日家族のための水を得るために，毎日家から遠く離れたところまで歩かなければならない。彼女たちは，②そうするために，1日に何時間も費やしている。だから，女性はお金を稼ぐために働くことができず，子どもたちは学校へ行くことができない。これは，彼らの③貧困を引き起こす。

もう一つの問題は水不足だ。このことの最も深刻な問題は気候変動だ。気候変動はより悪くなっており，多くの人が干ばつや洪水のせいで，食料を育てるためや日常生活のための水を得ることができない。

加えて，世界の人口は増え続けている。人々が使うことができる水の量は毎年減ってきている。しかしながら，今日水の使用は④ますます大きくなってきている。

水は命を支えるもっとも重要な源だ。我々は水について考えなければならない。世界をより良くし，持続可能な開発を進めるために行動を起こすべきだ。毎日，節水することができると思う。⑤水問題のための行動について考えてみたらどうだろう？

(1) 「ヒロシはいつ，初めて水問題について聞いたのか」 第1段落第2文参照。テレビのニュース番組で聞いたとある。

(2) 前文の a lot of water problems を指している。

(3) that は前文の内容を指している。

(4) お金を稼ぐことができないため，「貧困」につながるのである。

(5) However があるため，前の文とは反対の内容になるとわかる。

(6) 第3段落～5段落に書かれている内容を選ぶ。

(7) 「私は水問題を解決するために＿＿＿＿＿」に合う内容を書く。

[4] （資料問題）

あなたはエマの
16歳の誕生日パーティーに招待されています。
―女の子の最も大切な誕生日です―
トムとマリア・ブラウンがあなたがたをみんな
美しい娘の16歳の誕生日パーティーに招待します。
彼女の誕生日の前の日にパーティーを開くつもりです。

2月8日(日)午後6時，中越グランドホテルでの
特別な夜に参加してください。

夕食とダンス，音楽を楽しみましょう！
もし参加できない場合，1月31日までに123-4567マリア・ブラウンまで連絡してください。

(1) パーティーはトムとマリアが招待している。

(2) ア「トムがマリアの16歳の誕生日を祝うパーティーを開く」 トムとマリアが開くので不適切。 イ「もしパーティーに参加する場合，1月末までにマリアに電話しなければならない」 マ

リアに電話をするのは参加できない場合なので不適切。　ウ「パーティーは中越グランドホテルで6時に始まる」 パーティーの案内は，招待状の中の枠内に書かれている。

(3)　パーティーは誕生日の前日に開かれるので，誕生日は2月9日だと分かる。

(4)　参加できない場合は1月31日までにマリアに電話をしなければならないとある。

[5]（対話文）

(1)　A：もう一つケーキはいかがですか。
　　B：いいえ，結構です。もう，お腹がいっぱいです。

(2)　A：ご用件はなんですか。
　　B：はい，新しい靴を探しているのですが。

(3)　A：ここから新潟駅までどのくらいかかりますか。
　　B：約20分です。
　　How long does it take ～?「～にどのくらい時間がかかるのか」

(4)　A：中国に行ったことがありますか。
　　B：はい，行ったことがあります。
　　have been to ～「～に行ったことがある」

(5)　A：疲れているようだね。家に帰るべきだと思うよ。
　　B：ありがとう。そうするよ。

重要 [6]（適語選択：受動態，比較，助動詞，不定詞，現在完了，分詞）

(1)　〈be動詞＋過去分詞〉で「～される」という受動態になる。

(2)　ago が使われているため，過去形の疑問文になる。

(3)　mine「私のもの(＝私の人形)」を用いる。

(4)　will の後ろは動詞の原形を用いる。

(5)　比較級を強めるためには，much を用いる。

(6)　〈be glad to ～〉「～してうれしい」

(7)　How often ～? で頻度を尋ねる疑問文になる。

(8)　be known「知られている」という受動態になる。

(9)　〈have ＋過去分詞〉で現在完了の文になる。

(10)　called は前の名詞を修飾する分詞の形容詞的用法である。

[7]（語句整序問題：助動詞，不定詞，命令文，動名詞）

(1)　(You) will be able to find the book (at the library.)　will be able to ～「～できるようになるだろう」

(2)　(Would) you bring me something to drink(?)　something to drink「飲み物」

(3)　(My brother) is trying to make a pizza(.)　try to ～「～しようとする」

(4)　Don't drink too much water(.)　too ～「～すぎる」

(5)　(My) friend is not good at running(.)　be good at ～ing「～するのが得意だ」

★ワンポイントアドバイス★

問題数が多いため，すばやく処理をする必要がある。基本的な問題が多く出題されているため，過去問を繰り返し解いて傾向を身につけたい。

＜国語解答＞

【一】 問一 ア 固有 イ 許 ウ いな エ 概念 オ 現象 カ 正当
問二 イ 問三 ヒトの存在がこの世界で最も大切で重要な価値(である)
[ヒトの存在がこの世界で最も大切で重要なこと(である) (という考え方。)]
問四 個々の生命 問五 ウ 問六 ウ 問七 ア 問八 超個体としての「私」 問九 (例) ヒトは，生態系に守られて生きているということ。

【二】 問一 A 遠し B 近し 問二 ① あいぬ ② よう 問三 (例) どちらが遠い(のです)か。 問四 (例) 日が昇ったり沈んだりするところは見えるけれども，洛陽はまだ見たことがないから 問五 ⑤ イ ⑥ ア
問六 (1) ウ(の)ア(に対する評価) (2) エ 問七 係り結び(の法則)

【三】 ① カ ② イ ③ コ ④ キ ⑤ ケ ⑥ ウ ⑦ オ ⑧ エ

【四】 問一 1 イ 2 イ 3 ウ 問二 ア・エ 問三 ウ・エ

○推定配点○
【一】 問三 5点 問七・問八 各3点×2 問九 10点 他 各2点×10
【二】 問三 5点 問四 10点 問六 各3点×2((1)完答) 他 各2点×6(問一完答)
【三】 各2点×8 【四】 各2点×5(問二・問三各完答) 計100点

＜国語解説＞

【一】 (論説文－漢字の読み書き，空欄補充，内容理解，接続語，指示語，要旨)

問一 ア 「固有」は，その物だけにあること。 イ 「許」の「午」の部分を「牛」としないように注意。 ウ 「否」は，不同意や否定の意味を表す。 エ 「概念」の「概」と「感慨」の「ガイ」を区別しておくこと。 オ 同音異義語「減少」と区別しておくこと。 カ 「正当」は，正しく道理にかなっていること。

基本 問二 「一方で」は，別の面からみると，という意味。

問三 ――線部①を受けて，直後の文に「そこでは，……と考える」とあることに注目。

問四 指示語の指す内容を，指示語の前からとらえる。

問五 人間と「細菌」の関係について述べられている部分「相互関係の連環のなかで」「協調しながら超個体としての『私』をかたちづくる」などに注目。

問六 「対極」は，反対の極，対立する極という意味。

重要 問七 四つ前の段落の最後に「複雑な生態系の中で生きていくヒトは，ヒト以外の存在を絶対的に必要とする」とあることに注目。

やや難 問八 ――線部⑥は「ヒト」のことである。「ヒト」を「微生物」との関係において表す別の表現を探す。

問九 三つ前の段落の「『私』が，同じように複雑なマクロ(自然)の生態系に守られて生きている(生かされている)。それが，ヒトの存在なのであろう」に注目して解答をまとめる。

【二】 (古文－空欄補充，内容理解，歴史的仮名遣い，口語訳，動作主，要旨，係り結び)

〈口語訳〉 今となっては昔のことだが，唐に，孔子が，道をお歩きになっていると，八歳ぐらいの子供に出会った。(その子供が)孔子に問い申すには，「日の入る所と洛陽は，どちらが遠いですか」と。孔子が答えて言うには，「日の入る所は遠い。洛陽は近い。」(すると，)子供が申すには，「日の出入りするところは見えますが，洛陽はまだ見たことがない。だから，日の出る所は近く，洛陽は遠いと思う。」と申したので，孔子は(その子供を)賢い子だとお感じになった。

「孔子に，このように問答をしかける人もいないのに，あのように尋ねたのは，(その子供が)ただものではなかったのだ。」と世間の人々は言ったという。

問一　あとで子供が言うのとは反対のことを，孔子は言っている。

問二　①　語頭と助詞以外の「は・ひ・ふ・へ・ほ」は「わ・い・う・え・お」に直す。

基本　②「やう」は「よう」に直すことを覚えておく。

問三「いづれか」は，どちらが，という意味。

やや難　問四　直前の「日の出で入る所は見ゆ。洛陽はまだ見ず」という部分の意味をとらえる。

問五　⑤　子供を賢い子だと感心したのは孔子。　⑥　孔子に質問をしたのは「童」(子供)。

重要　問六　(1)「人」(世間の人々)が，子供のことを「ただものにはあらぬなりけり」と言ったのである。　(2)　子供は，孔子が言ったことにとらわれずに，自分の考えを率直に孔子に言ったのである。

問七　係り結びでは，係助詞「こそ」が用いられるときは，文末を已然形で結ぶ。係助詞「ぞ」「なむ」「や」「か」が用いられるときは，文末を連体形で結ぶ。

【三】（慣用句）

① 相手に名誉や栄光をゆずる，という意味。

② 何となく，よくないことの予感がする，という意味。

③ 気が合う，という意味。

④ 権威者や有力者などの，衆人を威圧して，いやおうなく従わせる一言のこと。

⑤ 土地などがきわめて狭いことを表す言葉。

⑥ 紙一枚の厚さほどのわずかなへだたりのこと。

⑦ わけが分らなくなり，ぼんやりすること。

⑧ 無駄話に時を過ごしたり，用事の途中で時間をつぶしたりすること。

【四】（四字熟語）

問一　1「取り入れが始まるころ」，イ「毛が生えた」のように，「の」を「が」に置き換えられることに注目。その文節が主語であることを示す格助詞「の」である。アは並立を表す副助詞「だの」の一部。ウは疑問を表す終助詞「の」。エは連体修飾語を示す格助詞「の」。　2「かけてある」とイの「ある」は補助動詞。アとウは，存在する，という意味の動詞「ある」。エは連体詞「ある」。　3「かわいそうに」とウ「きれいに」は形容動詞の活用語尾。アは助動詞「ようだ」の活用語尾。イは格助詞「に」。エは助動詞「そうだ」の活用語尾。

問二「れる」は，五段活用動詞の未然形とサ行変格活用の未然形「さ」につく。

問三「せる」は，五段活用動詞の未然形とサ行変格活用の未然形「さ」につく。

★ワンポイントアドバイス★

読解問題は選択肢問題のほかに抜き出し，自由記述問題も3問出題されている。係り結びの知識のほか，慣用句と文法の独立問題なども出題されている。ふだんからいろいろな問題にあたり，基礎力をつけておくことが大切！

MEMO

大切なことはメモしておこうネ！

解答用紙集

○月×日　△曜日　天気（合格日和）

◆ご利用のみなさまへ
＊解答用紙の公表を行っていない学校につきましては、弊社の責任において、解答用紙を制作いたしました。
＊編集上の理由により一部縮小掲載した解答用紙がございます。
＊編集上の理由により一部実物と異なる形式の解答用紙がございます。

人間の最も偉大な力とは、その一番の弱点を克服したところから生まれてくるものである。 ——カール・ヒルティ——

※データのダウンロードは 2024 年 3 月末日まで。

東京学参株式会社

中越高等学校　2023年度

◇数学◇

※ 156％に拡大していただくと，解答欄は実物大になります。

1

(1) [計　算]

答

(2) [計　算]

答

(3) [計　算]

答

(4) [計　算]

答

2

(1) [求め方]

答 $x=$
$y=$

(2) [求め方]

答

(3) [求め方]

答

(4) [求め方]

答 $n=$

(5) [求め方]

答 $\angle x=$　°
$\angle y=$　°

(6)

(ⅰ)[求め方]

答　m/分

(ⅱ)[求め方]

答　m

3

(1) [求め方]

答

(2) [求め方]

答　m

(3) [求め方]

答

(4) [求め方]

答　m

4

(1) [求め方]

答

(2) [求め方]

答

5

(1) [求め方]

答 $a=$

(2) [求め方]

答

(3) [求め方]

答

(4) [求め方]

答 $b=$

中越高等学校　2023年度　　◇英語◇

※ 154％に拡大していただくと，解答欄は実物大になります。

[1]	(1)										
	(2)										
	(3)										
	(4)										
	(5)	1)		2)		3)		4)		5)	
	(6)	1)									
		2)									
	(7)										
[2]		(1)		(2)		(3)		(4)		(5)	
[3]		(1)		(2)		(3)		(4)		(5)	
		(6)		(7)		(8)					
[4]		(1)	/	(2)	/	(3)		(4)	/		
[5]		(1)		(2)		(3)		(4)		(5)	
		(6)		(7)		(8)					
[6]	(1)	ア	m	イ	f	ウ	l	エ	f		
	(2)	We									
	(3)	①	curry and rice.								
		②									
[7]		(1)		(2)							
[8]		(1)		(2)		(3)		(4)		(5)	

◇国語◇

中越高等学校　２０２３年度

※１２０％に拡大していただくと，解答欄は実物大になります。

【一】

問一 (ア) (イ) (ウ) (エ) (オ) (カ)

問二

問三

問四

問五 だから

問六 (1) (2)

問七

問八

【二】

問一

問二

問三 (ア) (イ)

問四 X Y

問五

問六

問七

問八 こと

【三】

① ② ③ ④ ⑤

⑥ ⑦ ⑧ ⑨ ⑩

中越高等学校　2022年度

◇数学◇

※ 159%に拡大していただくと，解答欄は実物大になります。

1

(1) [計　算]

答

(2) [計　算]

答

(3) [計　算]

答

(4) [計　算]

答

2

(1) [求め方]

答 $x=$
$y=$

(2) [求め方]

答

(3) [求め方]

答 $y=$

(4) [求め方]

答

(5) [求め方]

答 $x=$

(6) [求め方]

答 $\angle x=$　　°
$\angle y=$　　°

3

(1) [求め方]

答 (ア)
(イ)
(ウ)

(2) [求め方]

答 最頻値：　　分
平均値：　　分

(3) [求め方]

答 A：　　B：

4

(1) [求め方]

答　　通り

(2) [求め方]

答

(3) [求め方]

答

5

(1) [求め方]

答 $y=$

(2) [求め方]

答 $y=$

(3) [求め方]

答

(4) [求め方]

答

※ 154%に拡大していただくと，解答欄は実物大になります。

[1]	(1)	①		②							
	(2)										
	(3)	④				⑤					
	(4)										
	(5)	1)		2)		3)		4)			
	(6)	1)									
		2)									
[2]		(1)		(2)		(3)		(4)		(5)	
[3]		(1)①		(1)②		(2)		(3)		(4)	
		(5)		(6)							
[4]		(1)		(2)		(3)		(4)		(5)	
		(6)		(7)		(8)					
[5]		(1)	w	(2)	d	(3)	o	(4)	S	(5)	n
[6]		(1)		(2)		(3)					
[7]		(1)		(2)		(3)		(4)		(5)	
[8]		(1)		(2)		(3)		(4)		(5)	
		(6)		(7)							

◇国語◇

中越高等学校　２０２２年度

※１３７％に拡大していただくと、解答欄は実物大になります。

【一】

問一 (ア) (イ) (ウ) (エ) (オ) (カ)

問二

問三

問四

問五

問六

問七

問八

問九

問十

【二】

問一 (ア) (イ)

問二

問三

問四

問五 Ⅰ (一) (二) Ⅱ

問六

問七 (一) (二)

【三】

問一 (a) (b) (c)

問二 1 2 3 4 5 6 7 8

問三 発生抑制 再使用 再生利用

中越高等学校　2021年度

◇数学◇

※ 156％に拡大していただくと，解答欄は実物大になります。

1

(1) [計　算]

答

(2) [計　算]

答

(3) [計　算]

答

2

(1) [求め方]

答 $x=$ 　$y=$

(2) [求め方]

答

(3) [求め方]

答 $x=$

(4) [求め方]

答 $\leqq y \leqq$

(5) [求め方]

答 $\angle x=$ 　° 　$\angle y=$ 　°

(6) [求め方]

答

(7) [求め方]

答 　cm^2

(8) [求め方]

答 $S=$ 　cm^2 　$V=$ 　cm^3

3

(1) [求め方]

答 (ア) 　(イ) 　(ウ)

(2) [求め方]

答 　分

4

(1) [求め方]

答

(2) [求め方]

答 　個

(3) [求め方]

答 $a=$

5

(1) [求め方]

答 $a=$

(2) [求め方]

答 $y=$

(3) [求め方]

答 $S=$

(4) [求め方]

答 $P($ 　, 　$)$

◇英語◇

※ 152％に拡大していただくと，解答欄は実物大になります。

[1]	(1)									
	(2)									
	(3)	The corals will die if the sea (　　) (　　) (　　).								
	(4)									
	(5)									
	(6) 1)									
	(6) 2)									
	(7)	答えの文								
		理由の文								
[2]	(1)		(2)		(3)		(4)		(5)	
	(6)		(7)							
[3]	(1)		(2)		(3)		(4)		(5)	
[4]	(1)		(2)		(3)		(4)		(5)	
	(6)		(7)		(8)					
[5]	(1)	h	(2)	d	(3)	h	(4)	n	(5)	l
[6]	(1)		(2)		(3)					
	(4)									
[7]	(1)		(2)		(3)		(4)		(5)	
[8]	(1)	Mr. Smith (　　) (　　) (　　) very (　　).								
	(2)	Mr. Smith (　　) (　　) to (　　) next year.								

◇国語◇

中越高等学校　２０２１年度

※１５２％に拡大していただくと、解答欄は実物大になります。

【一】

問一 (ア)　(イ)　(ウ)　(エ)　(オ)

問二 A　B

問三 i　ii

問四

問五

問六 (80)

問七 ～ 余裕。

問八

問九 (30)

問十 (10)

【二】

問一 (ア)　(イ)　(ウ)

問二

問三 1　2 (40)

問四 1　2　3

問五 1 ～ 2

【三】

①　②　③　④　⑤　⑥　⑦

⑧　⑨　⑩

中越高等学校　2020年度

◇数学◇

※ 172％に拡大していただくと，解答欄は実物大になります。

1

(1) [計　算]

答

(2) [計　算]

答

(3) [計　算]

答

(4) [計　算]

答

2

(1) [求め方]

答 $a=$

(2) [求め方]

$x=$

答 $y=$

(3) [求め方]

答

(4) [求め方]

答 $x=$

(5) [求め方]

$\angle x=$ °

答 $\angle y=$ °

(6) [求め方]

答

(7) [求め方]

$S=$ cm^2

答 $V=$ cm^3

3

(1) [求め方]

$\angle x=$ °

答 $\angle y=$ °

(2) [求め方]

$\angle x=$ °

答 $\angle y=$ °

4

(1) [求め方]

21個目　色

答 22個目　色

(2) [求め方]

赤　(個)

白　(個)

答 青　(個)

(3) [求め方]

答　(個)

5

(1) [求め方]

答 $a=$

(2) [求め方]

答 B(　,　)

(3) [求め方]

答 $S=$

(4) [求め方]

答 P(　,　)

中越高等学校　2020年度

◇英語◇

※ 149%に拡大していただくと，解答欄は実物大になります。

[1]	(1)				
	(2)	A	→	→	
	(3)				
	(4)	(B)		(C)	
	(5)				
	(6)				
	(7)	①			.
		② I like			.

[2]	(1)		(2)		(3)		(4)		(5)	
	(6)		(7)		(8)		(9)		(10)	
[3]	(1)		(2)		(3)		(4)		(5)	
	(6)		(7)		(8)		(9)		(10)	
[4]	(1)		(2)		(3)		(4)		(5)	
	(6)		(7)		(8)		(9)		(10)	
[5]	(1)		(2)		(3)		(4)		(5)	
[6]	(1)		(2)		(3)		(4)		(5)	

◇国語◇

中越高等学校　２０２０年度

※１５６%に拡大していただくと、解答欄は実物大になります。

【一】

問一 (ア) われ (イ) (ウ) (エ) やか (オ) う

問二

問三 1 2

問四 ② ④

問五 1 2

問六 1 2

問七

【二】

問一 ① て ⑤

問二

問三 A B

問四

問五

問六

問七 茸を食べたときから、 ということ。

問八 ～

【三】

① ② ③ ④ ⑤ ⑥ ⑦ ⑧ ⑨ ⑩

1

(1) [計　算]

答

(2) [計　算]

答

(3) [計　算]

答

(4) [計　算]

答

2

(1) [求め方]

答 $c=$

(2) [求め方]

$x=$

答 $y=$

(3) [求め方]

答

(4) [求め方]

答 $x=$

(5) [求め方]

$\angle x=$ °

答 $\angle y=$ °

(6) [求め方]

答

(7) [求め方]

$S=$ cm^2

答 $V=$ cm^3

3

(1) [求め方]

$\angle x=$ °

答 $\angle y=$ °

(2) [求め方]

$\angle x=$ °

答 $\angle y=$ °

4

(1) [求め方]

答 個

(2) [求め方]

答 (個)

(3) [求め方]

番目

答 個

5

(1) [求め方]

答

(2) [求め方]

答

(3)

① [求め方]

答 $x=$

② [求め方]

答 $a=$

[1]	(1)		(2)		(3)		(4)		(5)	
	(6)		(7)		(8)		(9)		(10)	
[2]	(1)	f	(2)	J	(3)	l	(4)	w	(5)	d
[3]	(1)	He heard about it when								
	(2)									
	(3) (a)									
	(3) (b)									
	(3) (c)									
	(4)									
	(5)									
	(6)									
	(7)	I will						to solve the water problems.		
[4]	(1)		(2)		(3)					
	(4)									
[5]	①		②		③		④		⑤	
[6]	(1)		(2)		(3)		(4)		(5)	
	(6)		(7)		(8)		(9)		(10)	
[7]	(1)		(2)		(3)		(4)		(5)	

◇国語◇

【一】

問一　ア　イ　され　ウ　エ　オ　カ

問二

問三　という考え方。

問四

問五

問六

問七

問八

問九

【二】

問一　A　B

問二　①　②

問三

問四

問五　⑤　⑥

問六　(1)　の　に対する評価。　(2)

問七

【三】

問一　①　②　③　④　⑤　⑥　⑦　⑧

【四】

問一　1　2　3

問二

問三

MEMO

大切なことはメモしておこうネ！

MEMO

大切なことはメモしておこうネ！

MEMO

大切なことはメモしておこうネ！

MEMO

大切なことはメモしておこうネ！

MEMO

大切なことはメモしておこうネ！

〈リスニング問題の音声について〉

本問題集掲載のリスニング問題の音声は、弊社ホームページでデータ配信しております。

現在お聞きいただけるのは「2024年度受験用」に対応した音声で、2024年3月末日までダウンロード可能です。弊社ホームページにアクセスの上、ご利用ください。

※本問題集を中古品として購入された場合など、配信期間の終了によりお聞きいただけない年度がございますのでご了承ください。

高校別入試過去問題シリーズ

中越高等学校　2024~25年度

ISBN978-4-8141-2827-3

発行所　東京学参株式会社
〒153-0043　東京都目黒区東山2-6-4
URL　https://www.gakusan.co.jp

編集部　E-mail　hensyu@gakusan.co.jp
※本書の編集責任はすべて弊社にあります。内容に関するお問い合わせ等は、編集部まで、メールにてお願い致します。なお、回答にはしばらくお時間をいただく場合がございます。何卒ご了承くださいませ。

営業部　TEL　03 (3794) 3154
FAX　03 (3794) 3164
E-mail　shoten@gakusan.co.jp
※ご注文・出版予定のお問い合わせ等は営業部までお願い致します。

2023年10月6日　初版